书有两个生命,

它们讲述自己的故事,

它们见证我们的生活。

彭丹妮

女儿。笔名水一，1999年国庆日出生于永州之野，现就读长沙长郡梅溪湖中学高三。爱猫、爱幻想，幽默与生俱来，自嘲是"天秤座摇摆人，拖延症重度患者"。喜欢在城市街道漫无目标地行走，喜欢阅读和玩游戏，喜欢一边喝咖啡一边写文字。9岁时立志做中国的J·k·罗琳，13岁时开始发表文章，有数篇习作在《中学生百科》《长沙晚报》《新华书目报》等报刊上发表。

易春花

妈妈。工商管理硕士，湖南省儿童文学学会会员、长沙市作家协会会员、湖南省新华书店职业经理人。二十多年沉浸书海，恪守"卖书知书、知书读书"的信念。长期致力于做"青少年经典阅读的点灯人"，策划和组织实施长沙书架子工程和"书香长沙"活动。十六年来，以书业观察者和妈妈的角色，生动记录女儿生命成长的历史，践行"亲子阅读是最好的教育"理念，有道是：下笔有情春亦浓，腹有诗书花更艳。

共读，我们的亲子时光

彭丹妮　易春花　著

湖南少年儿童出版社

图书在版编目（CIP）数据

共读，我们的亲子时光/彭丹妮，易春花著.—长沙：湖南少年儿童出版社，2016.11（2017.9重印）
ISBN 978-7-5562-2788-4

Ⅰ.①共… Ⅱ.①彭… ②易… Ⅲ.①读书笔记—中国—现代 Ⅳ.①G792

中国版本图书馆CIP数据核字（2016）第186347号

共读，我们的亲子时光
Gongdu，Women De Qinzi Shiguang

策划编辑：吴双英　　　责任编辑：吴岚冲
装帧设计：萧睿子　　　图文排版：海天图文

出 版 人：胡　坚
质量总监：郑　瑾
出版发行：湖南少年儿童出版社
地　　址：湖南省长沙市晚报大道89号（邮编：410016）
电　　话：0731-82196340 82196341（销售部）82196313（总编室）
传　　真：0731-82199308（销售部）82196330（综合管理部）
常年法律顾问：北京市长安律师事务所长沙分所　张晓军律师
印　　刷：长沙超峰印刷有限公司
开　　本：880 mm×1260mm　1/32
字　　数：180千
印　　数：16001—24000
印　　张：7.625
版　　次：2016年11月第1版
印　　次：2017年9月第3次印刷
定　　价：35.00元

版权所有　侵权必究
质量服务承诺：如有印装质量问题，请向本社调换。

序言一

共读——维系亲子关系的精神纽带

易春花

书籍是孩子的精神羊水

女儿呱呱坠地,母女之间脐带断开,成为两个独立的个体。孩子的成长不仅是体魄的成长,也伴随着精神的发育。弗吉尼亚·伍尔夫曾说:"如果将一个人阅读《哈姆雷特》的感受逐年记录下来,将最终汇成一部自传。"

毫无疑问,我和女儿共同写下的这本书,既是女儿心灵的成长史,也是我们母女亲密无间的关系史。

日子一天天过去,共读成了我们母女日常生活中平静流淌的无处不在的旋律。阅读打开了她了解世界的一扇窗,阅读丰富着她的生命,充盈着她的心灵,见证着她的成长。共读更像一根维系母女亲密关系的精神纽带。16年来,我们通过共读、共写、共同生活,一起感受和体验生命中的语言和秘密。阳光里,月亮下,书桌边,饭桌前,随时随地都有我们母女的读书会。

总有朋友问我:"你们母女感情那么好,她是你的贴心棉袄,你是她的知心妈妈,你们两人在一起总有聊不完的话题,你有什么秘方,能否传授给我们?"如果我的做法能让大家有所启发,那我不妨述说一下。

让孩子舔着甜，闻着香，浸泡在爱读书的环境里

犹太人把一滴蜂蜜滴在书上，让婴儿爬过去舔，用这种方法告诉孩子：书本是甜的。

水一很小的时候，以为书本也是可以吃的。她拿着书本啃、咬、吃、撕；再长大一点，她把家里的书房当作她的游戏场，拿着书本摔、搬、扔、翻，用书本砌房子修城堡；再后来，她就模仿爸爸在本子上写稿子，或者涂鸦。她总是很羡慕记者爸爸一边写着稿子，一边喝着咖啡。她把鼻子凑近香气扑鼻的咖啡杯，使劲地嗅来嗅去，很想喝爸爸的咖啡，但妈妈在一旁警告："小孩子不可以喝咖啡，长大了会写文章了，才可以喝。"所以，3岁的时候，大人问水一长大了要干什么，她奶声奶气却毫不犹豫地回答："写稿子，喝咖啡。"

在她10岁的一天，妈妈回家，看到她一个人在家里捧着《汤姆·索亚历险记》看得入迷，书桌上赫然摆着一杯——咖啡！小小年纪竟然偷偷冲泡咖啡喝，妈妈严厉呵斥。她承认错误并弱弱地说："妈妈，边看书边喝咖啡，好浪漫呀！"妈妈扑哧一笑。

维果茨基曾说过："家庭教育的经验告诉我们，置身于书本包围中的儿童不加任何训练，常常便能掌握阅读。"教会孩子阅读，是妈妈送给孩子的最好礼物。从此，她思载千年，神游四方，她找到了人生丰沛的精神水源。

让孩子依偎在怀里，听妈妈念书，给她播下爱的种子

孩子的幸福人生是怎样开启的？也许从小给孩子的胎教训练就

在孩子的成长史里镌刻下了最初的印记。1999年是女儿水一出生的年份，那一年的中国掀起观看《泰坦尼克号》的潮流，满大街都响着电影主题曲《我心永恒》的旋律。这首歌是妈妈的特爱，妈妈常常在家里自娱自乐点唱，自己生日唱一遍，好朋友生日唱一遍，同学聚会炫耀唱功的时候也唱一遍。唱得动情之时，感觉肚子里的小水一也在频频胎动，好像有感应似的。

2012年的一个晚上，水一和初中同学一同观看《泰坦尼克号》，回来以后她不断地对我说起这个电影多么多么好看，尤其她讲到一个细节："妈妈，当《我心永恒》的旋律响起时，我顿时全身都起了鸡皮疙瘩，好像很久很久以前就听过似的，瞬间泪流满面。"13年前在妈妈肚子里埋下的"种子"，那一刻在两个人之间有了心领神会。

给孩子唱歌会培养她的音乐素养，那给孩子念书又会产生怎样的效果？

"你有一柜柜黄金，我有读书给我听的妈妈。"《朗读手册》里这句话勾起了我曾经读书给孩子听的美好记忆。水一读初一的时候，第一次寄宿，非常想念爸爸妈妈，开始的第一个星期还偷偷流了眼泪。后来她告诉我们，那段时间陪伴她渡过难关的是几米的绘本《我不是完美小孩》。她说一读到这个绘本故事，就想起童年依偎在妈妈怀里的亲子阅读时光：仿佛每一页书卷里都回荡着妈妈的声音，整个床头都散发着妈妈的味道，好像妈妈在床头微笑着看着自己一般。

真正让父母与子女密切联系在一起的，是温柔的、人性化的言语。念书给水一听，就好像妈妈和她手牵手到故事国去旅行，共同分享充满温暖语言的快乐时光。妈妈一句一句给水一念的书宛如在她童年岁月里播下的一粒粒爱的种子，这些书成了我们母女亲密关系的爱的火种。

让孩子手捧经典，传承文明，用阅读的力量抵抗生之寂寞

虽然爸爸妈妈的智慧和思想没有办法通过基因拷贝和遗传给水一，但她却通过阅读经典传承了人类精神文明的成果和父母的优秀思想。

孩子在阅读中遇见未知的世界，通过阅读来认识自己，带着"我是谁，我从哪里来，我要到哪里去"的人生诘问去思索，去求证。

水一在郭敬明的小说中读出了青春的忧伤和成长的疼痛；她在《妞妞：一个父亲的札记》中读出了死亡的悲伤；她在《倾城之恋》中读出爱一个人不是轰轰烈烈，而是细水长流，是坚定的守护和等待；她更在《哈利·波特》系列图书里读出了勇气与智慧……当她沮丧、挫败时，她用村上春树人生哲学般宁静的语言平息内心；当她孤独寂寞时，她会翻开《百年孤独》去重温书中经典的话语从而获得抵抗寂寞的力量；当亲人离开她时，想起和他们共同读过的书、写下的文章，她会在哭泣的同时，心头漾起甜蜜的回忆之波。

她会忧伤，但不惧怕死亡。因为书里有光，字里有情。母女的灵魂遥遥相望，犹如群星俯瞰山河。任时光无涯，生死有限，母女情义永恒。

序言二

让阅读成为每一个家庭的生活方式

余治莹

这本书有两位主要作者,一位是母亲身份的易春花女士,一位是女儿身份的彭丹妮(也就是水一)小姑娘。书写的体例,则是以水一的年龄为经线,总共分成9段,8岁以前是一个年龄段,之后从9岁到16岁,逐年介绍,叙述在每个年龄段里,水一读了哪些书,做了哪些事;再以母女共读为纬线,娓娓道出其中的乐趣与收获。一经一纬、一纬一经,密密麻麻地编织出一长幅灿烂的岁月织锦,呈现出大大小小的精彩故事,一起见证了水一成长的心路历程,读了让人喜悦,让人动容。

阅读生活化,这是水一妈妈所抱持的坚定信仰。从水一出生开始,妈妈就让阅读融入家庭的生活。我们看见这个家庭并没有刻意列出阅读时间表,每天按部就班,而是在对谈中、旅途中、游乐中、聚会中,将阅读融入,甚至将之游戏化,让阅读变成一种好玩有趣的活动。

水一妈妈热爱阅读,并且将阅读当作是一种遗传基因,想要传给宝贝女儿,期望注入到她的血液里,因此从水一出生到儿童到少女,妈妈一直和她共读。从水一的文章里,以及每个年龄段所提供的书单里,我们惊讶地发现,她从小到大读的书真多,从儿歌、三字经到童话、校园故事到经典文学、科普图书等,应有尽有。乍看很杂,水一却是在进行大阅读,什么书都读,什么知识都吸收,对什么都好奇,并领会书中所蕴含的种种感知与感情,逐渐迈向博学家之路。对于这样的孩子，家长不必担心她会孤单寂寞，她自然会以书为友，以读相伴，也不必担心她气质如何，"腹有诗书气自华，最是书香能致远"。

将视野拓展到教室外，这是妈妈带领女儿阅读所带来的丰硕成果。阅读，除了获得知识，还能开阔视野，使看待事物的眼光更深远，思考问题的方式更多元。我们看到水一已随着书读得越多，思维越缜密，逐渐走出了条条框框。

阅读让人成长。从这本书，我们看到水一的阅读历程，也看到她的成长史。经过多年阅读的洗礼，她从一个充满好奇、思想单纯的小女孩，蜕变为心思细腻、情感丰富、极有想法的少女。这从她的文章笔法由简洁叙述转变为深度陈述，可得到证明。

我感觉到，共读，是一条隐形的丝带，将这对母女紧紧地绑在一起，不仅是身体的亲密接触，还包括情感的传递，思想的交流，心灵的沟通。她们通过图书，越谈越深，越谈越密切，也越来越开心，成为生命共同体，不可切割了。

今天，水一和妈妈将她们的阅读历程出版成书，一方面是作为一种记录，一种纪念，更重要的是，"读"乐乐不如众乐乐，诚心和大家一起来分享她们的美好阅读时光，希望爸爸妈妈们能够有所收获，有所行动，培育出像水一这样因阅读而快乐聪明的孩子。

（余治莹，台湾儿童文学作家，著名儿童阅读推广人，代表译作《大卫，不可以》，目前在海峡两岸积极推广"亲子共读"及"深度赏析图画书"等活动）

序言三

良好家风的树立关键在于家长本人的以身作则。"优秀家长"曾国藩所创造的良好家风,造就了曾氏家族人才辈出。"人之气质,由于天生,本难改变,惟读书可变化气质。"看《共读,我们的亲子时光》,妈妈和女儿通过共读来传承家风,通过共读来联结感情,通过共读来养育诗书气质,践行中国优秀的传统教育理念,为之欣慰。希望更多家庭的父母和孩子爱上阅读,让每个孩子从小培养好阅读习惯,做一个读书明理的人。

唐浩明

著名作家,代表作《曾国藩》,国家全民阅读形象代言人

古有过庭家风,今则亲子共读。易春花陪伴女儿阅读,十六年一日不辍,母女共同成长。读书越多,天地越阔。

王跃文

著名作家,代表作《大清相国》,湖南省全民阅读推广人

《共读,我们的亲子时光》是一位母亲、一个女儿和书的世界,它持久记录了一个中国普通家庭真实、深厚,且充满幽默感和爱的阅读过程。今天,我们本缺少童年的陪伴,但更缺少的是这种对话的陪伴、心灵的陪伴、诗意的陪伴。

汤素兰

著名儿童文学作家,代表作《笨狼的故事》,湖南省全民阅读推广人

我校高三年级彭丹妮同学和她的母亲易春花女士合著的《共读，我们的亲子时光》一书即将问世，能在书稿与广大读者见面前先睹为快，我感到很高兴、很幸运。从一个教育工作者的视角来看，在这个喜欢热议教育的时代，这本安静的书能给我们深厚的启示。其一，大量的阅读是孩子健康成长的不二法门。纵观全书，它既是水一的阅读史，也是她的生命成长史。因为有了古今中外优秀书籍的陪伴滋养，彭丹妮同学的生命更显丰富与优雅。其二，精神的沟通是家庭教育的桥梁。在家庭中，沟通创造和谐，而以书籍为载体的精神沟通，则能建立深厚的亲子关系。其三，语文学习的灵魂是读和写。著名哲学家、作家周国平说："在我的中学时代，什么东西真正提高了我的语文水平，使我在后来的写作生涯中受益无穷？我发现是两样东西，一是读课外书的爱好，二是写日记的习惯。"这本书无疑是该观点的优秀注解。家长朋友们，想为孩子找到学语文的方法吗？同学们，想"站在大师的肩膀上前行"吗？那就请阅读这本书吧。

刘　欣
长郡梅溪湖中学校长，湖南省特级教师

　　教育的起点是母亲。《共读，我们的亲子时光》中母子亲切的对话，如潺潺的流水，让我不知不觉走进一个纯净、清澈的亲子阅读的美好世界。水一是幸运的，因为打开的书仿佛是母亲的怀抱，正温暖着她；母亲是幸福的，因为女儿如雏鹰起飞，开合的书就是她的翅膀！书中母子共读的故事深入浅出地诠释了家庭教育的要义。我喜欢这样的成长故事，这就是生命教育！合上书，我轻轻走近熟睡的儿子，向他额上吻了几吻……

邹　硕
长沙枫树山大桥小学校长

有缘读到这本书，静静穿行在母女共织的文字里，时光似乎倒流到六年前，那个扑闪着黑亮亮眼眸、额前粘着几缕湿刘海的女孩，活脱脱从书中跳了出来。她在妈妈的陪伴下，在书籍的海洋里恣意徜徉，情之所至发诸笔端，稚嫩的文字因为阅读而蜕变，一步步转向成熟开阔，却不失细腻灵动。智慧可爱的妈妈多年来笔耕不辍，不仅记录下美好的亲子共读时光，还创作了温暖的亲子互动篇章，分享着家庭教育的独门秘籍。此书见证了精灵少女的阅读史、成长史，此书也是爸爸妈妈们育儿路途中不可错过的风景线！做经典阅读的点灯人，打造温馨的亲子共读时光，幸福原来可以这么从容。

陈晓玲

长沙育英小学语文老师，水一班主任

目 录

陪你读书　陪你长大

8岁及以前
3　睡前故事　开启阅读之门

4　母女共读人生启蒙书
8　我们仨的成语故事
13　听爸爸妈妈讲那过去的事情
15　童言的诗意
17　何以生幽默
20　摇头晃脑背古诗

24　爱上阅读爱上写作

24　一根刺的风波
25　爸爸妈妈的专用语言

26　水一阅读书单

9岁

28　天地阅览室　万物皆书卷

29　《皮皮鲁与蛇王阿奔》阅读记录卡

30　读《渔歌子》

31　梦想带她回家

32　坚韧的雏菊

33　爱上阅读爱上写作

33　看樱花

33　我想有只猫

34　水一阅读书单

10岁

35　爱让魔法插上翅膀

36　魔法的光芒

38　一个哈迷的倾诉

40　一封爱的魔法信

44　爱的网在温暖的风里

45　爱是一张网

47　一样的童年，不一样的回味

48 勇敢的小英雄雨来

49 爱上阅读爱上写作

49 岳麓山踏青

50 被狗追着咬

51 水一阅读书单

11岁

52 动物小说的爱恨情仇

53 猫喵且有灵
56 刹那之永恒
58 一切皆能玩过
60 妈妈,好好玩,好好玩啊

62 爱上阅读爱上写作

62 忘却了春天的模样

63 原来这就是幸福

64 水一阅读书单

12岁

65　共读共赏，亲密家人

66　化作星辰守望你
67　死亡的忧伤与疼痛
69　父亲的光辉
72　让雷锋精神血脉相传
75　伟大孕育平凡　细微彰显精神
77　那些朝代的事儿
79　史上最大的乌龙事

80　爱上阅读爱上写作

80　秋天的思念
82　外公，天堂里你可安好

84　水一阅读书单

13岁

86　诗歌栖息于心灵枝头

87　席慕蓉的诗歌
88　若雨若风若光
90　这一夜的雪
92　诗曲相契　此情可待
94　诗人之殇　斯人例外

96	谁的心里没有堂吉诃德
97	哀麻木不仁
99	爱上阅读爱上写作
99	奋进，强者的乐曲
100	年少花意浓
102	水一阅读书单

14岁
103	从言情到经典的飞跃
104	悲伤成河的那些人那些事
108	青春伴书最痴狂
111	红尘 心楼 梦醒时
114	影响了我们三代人的《红楼梦》
117	我的男神
119	生命因侦探冒险而精彩
121	爱上阅读爱上写作
121	坚强流淌在骨髓里
123	时间弄破的疤痕叫成长
125	水一阅读书单

15岁

126	带孩子找到生命的意义
127	从秦大奶奶想到我奶奶
131	梦的追寻，爱的给养
133	追梦永远在路上
136	勇于有梦，敢于追梦，勤于圆梦
140	一段悲伤的插曲
143	窗里窗外的故事
145	山的味道海的味道
148	重返阅读的快乐
151	生未百年，死不孤独
154	读《目送》念亲恩
155	读"人生三书"交成长作业
158	字趣
159	爱上阅读爱上写作
159	以书相荐，怎能忘怀——致何同学的一封道歉信
162	我的自画像
164	水一阅读书单

16岁
165　爱情阅读成长课

166　爱情是轰轰烈烈还是平平淡淡
167　看张——一口爱情深井
170　爱的归来
173　加缪印象之背叛？堕落？
176　一书一世界
178　水之灵动山之质朴
180　回味"美食"

181　**爱上阅读爱上写作**

181　自由的灵魂绽放光彩
182　鸣人，请等我长大

184　水一阅读书单

母女读书心经

187　读书有时
188　读书有乐
189　读书有舍
191　荐书有方
197　读书有法：女儿独创读书八法
201　买书有招：教你买书"三鲜招"

206　爸爸后记　家有颜如玉
213　妈妈后记　书香女人四月天

215　书卷岁月两相亲

陪你读书　陪你长大

　　从在妈妈怀里听故事,到独自一人开始在文字世界里穿行,你"吃"着童话、"变"着魔法,追寻着科普王国里的奥秘,探索着侦探世界的悬疑……十六年来我们母女结伴在书籍的世界里旅行,一边是书里的脉络,另一边是人生的脉络,它们彼此相融重叠起来。一日又一日,一年又一年,生命的质地悄然改变,母女的精神因为这纸、字句和思想组成的世界亦有了共同的"血脉"。感谢阅读的恩惠,让我们母女一起成长,让我们相依的所有日子都生动美好。

8岁及以前
睡前故事　开启阅读之门

　　我多么喜欢，睡前的那段时光。你漆黑的眼眸满怀期待，当文字的音符载着童话故事从妈妈的口里"驶"出来时，我仿佛看到了一棵树在唤醒另一棵树，一朵云相拥另一朵云，一双大手牵着一双小手。给孩子念书，是最真情的陪伴；教会孩子阅读，是妈妈送给孩子最好的礼物！

母女共读人生启蒙书

妈妈

初春的早晨,太阳照在阳台上,水一依偎在妈妈怀里,手里拿着一本插图版《三字经》,翻开第一页,要妈妈讲故事。她一眼就望见了图画里的小婴儿。

"啊,妈妈,这个小弟弟好可爱,他在对着我笑。我要亲亲。"她还没有说完,就啵的一声把小嘴贴在了书上。

"你看,每一个孩子生下来都是这样嫩嫩的头发、弯弯的眉毛、亮亮的眼睛……水一喜不喜欢?"

"喜欢,妈妈,我想要个弟弟跟我玩。"

"所以啊,书上说人刚生下来的时候,都是很可爱的,就像这个小弟弟一样,好纯洁好善良。"

"妈妈,善良是什么?"

"你不是听过白雪公主的故事吗?善良啊,像白雪公主一样,心地柔软,有善心,有良心。皇后三番五次地害她,她从来都相信人心是善良的,世界是美好的。"

"妈妈,是不是说每个孩子生下来都可爱、善良,像白雪公主一样讨人喜欢?"

"水一真聪明,你这小脑袋敲一敲脚板都会响。"妈妈夸奖说。

水一咯咯笑。

"来,跟妈妈念第一句——人之初,性本善。"

"人之初,性本善。"她稚嫩的童声回荡在初春的阳光里。

"性相近,习相远。"

"性相近,习相远。"

"苟不教，性乃迁。"

"苟不教，性乃迁。"

"每个孩子生下来都是善良的宝宝，如果从小听爸爸妈妈的话，听老师的话，乖乖上学，长大后就会很棒。假如不好好学习，不听长辈的话，就会变成大坏蛋。"

"喔——"水一很懂事地点点头，"我不做坏蛋，我是乖宝宝。"

"可是，妈妈，我们家没有狗狗，没有狗狗叫，我会变为坏蛋吗？"

"狗狗，哪来的狗狗？"妈妈一头雾水。

"妈妈刚才不是念'狗不叫，性……'？"

哈哈哈，她还没说完，妈妈就笑倒了。

讲《三字经》故事，念《三字经》儿歌，和水一一起以童年的耳朵和眼睛感受《三字经》。

妈妈从"昔孟母，择邻处，子不学，断机杼"开始讲孟母三迁的故事。

"孟子小时候家里很穷，全靠妈妈纺线织布维持生活。孟子家不远处是一片坟地，总有送葬出殡的人家在那里吹吹打打。孟子好学，看了以后回来就学。孟妈妈非常担忧，小孩子从小就学这些事，将来怎么得了呢，于是决定搬家。"

水一问："妈妈，后来，他们家搬到哪里去了？"

"后来他们家迁到了集市附近。孟子外出回来，不是用棍子挑两块石头学卖菜，就是用木头做刀子比比画画地学杀猪。孟妈妈觉得这里也不适合居住，于是决定再次搬家。"

水一又问:"妈妈,第三次他家会搬到好地方去吗?"

"这一次孟家搬到了学堂旁边,周围都是读书人。孟子每天学着读书习礼,孟妈妈这才放下心来。可惜好景不长,有一次,孟子觉得学习没有意思,居然逃学了。孟妈妈知道后大怒,拿起剪子把织布机上的布剪断了。这一下孟子害怕了,因为他们家维持生计的唯一来源就是妈妈织的布。"

听到这里,水一很生气,跺跺脚道:"妈妈,孟子不乖。"

"宝宝,你说说看,孟子为什么不乖?"

"逃学。"

"是啊。孟妈妈后来语重心长地教育孟子:'读书与织布一样不能截断,截断了就接续不上了。即使能接续上,但织出的布满是疙瘩,还有人买吗?你贪玩逃学,荒废时光,怎么能学到安邦定国的本领呢?'孟子听了妈妈的话,从此发奋努力,成了战国时期杰出的大学问家。"

讲到"曰春夏,曰秋冬"时,妈妈问水一:"春天里有什么?"

"花"。

"嗯。"妈妈微笑着点头。

"春色满园关不住,一枝红杏出墙来。"宝宝高声地念出诗句。

"那能不能告诉妈妈,夏天里有什么?"

"鸟。"

妈妈大声念了一句泰戈尔的诗:"夏天的飞鸟从我的窗前飞过,又飞走了。"

"那能不能告诉妈妈秋天有什么?"

"秋天有甜蜜的果实。"

"那能不能告诉妈妈,冬天有什么?"

"冬天下雪了,宝宝跟妈妈堆雪人。"

讲到"香九龄,能温席,融四岁,能让梨"时,水一马上会举一反三说:"妈妈,以后宝宝要带好吃的东西给奶奶,冬天也要给奶奶暖被窝。"

念到"孟子者,七篇止,讲道德,说仁义",她亮晶晶的眼睛突然充满了喜悦,大声告诉妈妈:"这个人我认得,就是那个逃学后来又变好的大学问家孟子。"

上下五千年的中国史,无论是远古神话传说还是各个朝代的风雨历史故事,她都听得津津有味。

碰到"头悬梁,锥刺股"这样的画面,她会嬉笑着说:"妈妈,这样好好玩,我也想试一下。"

念到"蔡文姬,能辨琴",她马上拍手,高兴地说:"妈妈,我会弹钢琴。"

这样一部涵盖道德、天文、数理、历史及民间传说的启蒙读物《三字经》在母女间的一问一答,一讲一听,一诵一读,一笑一闹的玩耍中被共读着。

妈妈念:"犬守夜,鸡司晨,苟不学,曷为人?"

妈妈解说:"狗看家守夜,鸡打鸣晨叫,人如果不学习,怎么能成人呢?"

妈妈念:"蚕吐丝,蜂酿蜜,人不学,不如物。"

妈妈解说:"蚕会吐丝,蜜蜂能酿蜜,人不学习的话,还不如这些动物。"

翻过一页又一页,当宝宝跟妈妈大声念完:"幼而学,壮而行,上致君,下泽民。扬名声,显父母,光于前,裕于后。"我掩卷沉思。

那一年是2003年,水一4岁。

我们仨的成语故事
妈妈

2006 年水一 7 岁生日那天,爸爸给她买了一套《影响孩子一生的 300 个成语故事》作为生日礼物。这套书分春秋两卷,卡通插画好看,拼音注释易读,内容生动有趣,水一一下子就迷上了成语故事书。

那段时间,吃完晚饭后,我们全家就进入水一给家人讲成语故事的"剧场"。

她这样给奶奶讲"沉鱼落雁"的故事:"奶奶,西施真的美哟,跟天上的七仙女一样,她到河边洗衣服,小鱼儿看见她美丽的倒影,都沉在水底不敢出来。"

讲"狐假虎威"的故事时,她会抓着爸爸扮老虎,自己装狐狸。妈妈奶奶做观众,在一旁看父女俩的表演,乐开了花。

这套成语故事书,带给我们很多美好的共读回忆。

2007 年 10 月,8 岁的水一要开通 QQ 空间,像记者爸爸那样写文章。她有一个计划,要用自己的话,把以前看的成语故事写给爸爸妈妈看,爸爸妈妈要当她的读者。"邯郸学步"的故事,"齐人攫金"的故事,"画龙点睛"的故事……写着写着,水一宝贝在网络空间里可以"健步如飞"了,打字速度奇快,成语故事也越写越好。

有一天,放学回家的水一突然很高兴地跟爸爸妈妈说起了语文课上教的一个有趣的成语"响遏行云"。

乍一听"响恶星云",我顿时蒙了。

"是哪四个字?"我不解地问。

水一一字一顿地说:"响彻云霄的——响,阻止的那个——遏,行云流水的——行云。"

我总算听明白了,但是第一次听到这个成语,确实不懂什么意思。

我说:"能不能请水一小老师讲讲这个成语故事?"

水一有模有样地给妈妈和爸爸讲起了这个成语。

战国的时候,有个叫薛谭的青年,他得知秦青歌唱得好,就去拜秦青为师。经过一段时间的学习,他有了很大的进步,一起学艺的伙伴们纷纷称赞他的歌艺。在一片赞扬声中,薛谭自以为已经把老师的本领都学到手了,于是就向老师辞行告别,老师也没有挽留。

第二天,老师在郊外设宴为弟子送行。在饮酒话别的时候,老师打着拍子唱了一支非常悲壮的歌曲,那高亢的歌声使周围的树木都颤抖起来,天空的行云都停了下来。

薛谭听得入了迷,十分羞愧自己的浅薄,于是,请求继续跟老师学习。

"妈妈,你说好不好玩,一个人唱歌可以令树木颤抖,令行云停住脚步,那是怎样好听的歌声?我能听秦青唱歌该多好啊。"说完,她向我仰着小脸,满眼是无限羡慕的神情。

"能听秦青唱歌是多么值得庆幸的事情啊!"妈妈附和道。

然后妈妈趁机说:"以后水一同学向老师学本领时,可不能像薛谭那样还没有学到真本领就骄傲自满呀。"

"妈妈,老师也这样教导了我们。"

"对了，水一，你这个成语故事倒让妈妈想起了《世说新语》里阮籍和孙登的'沧海一声啸'的故事。"

水一十分好奇地问道："妈妈，快给我说说，那是一个什么故事？"

"妈妈曾给你讲过'竹林七贤'的故事，你还记得那个叫阮籍的人吗？"

"妈妈，我记得。他性情很怪，和常人好像很不一样。"

"是的，书上说他性情放逸旷达，潇洒不羁，尤其以善啸而出名。"

妈妈娓娓道来——

阮籍听说苏门山有一位隐士叫孙登，很有学问，便专门前去拜访。见了孙登后，发现此人果然名不虚传，看上去一副超凡脱俗很有学问的样子，心想自己整天苦苦思索的问题今天终于可以好好请教先生了，于是，他一股脑儿地向孙登问了很多哲学和历史问题。奇怪的是，孙登却一声不吭，做木鸡状，连眼珠子都懒得转。阮籍很是失望，心中还给孙登取了一个绰号"子不语先生"。

"哈哈，有趣。"水一插话。

妈妈接着说："开始，阮籍觉得很失望，可后来发觉，自己原以为十分重大的问题在子不语先生面前突然变得不值一提了。阮籍不仅不再问先生问题，而且还对着先生吹起了口哨。

"令阮籍没有想到的是，他吹完一曲后，先生突然睁开了眼睛并露出了笑容，对他说，请再来一遍。

"于是，阮籍又吹了一遍，便高高兴兴下山去了。

"当他走到山腰时，林间突然响起了一阵阵悠扬的啸声，这啸声穿越树林，如清风般回荡在耳畔。阮籍正在陶醉中，一会儿啸声突变，清风乍至，阳光灿烂的山脉上空仿佛飘来一团酝酿着暴风雨的云朵，它碰着了山峦，顷刻又如孔雀开屏般落在了山谷。渐渐地，啸声复归清亮，狭长，如一泓清泉流泻心间……阮籍震惊顿悟，先生的啸声如此辉煌圣洁，如天籁般，似乎自己所有的疑惑都在山谷间蒸发了，腾空而去。回家后，阮籍写出了一篇流传千古的《大人先生传》。"

"哇，太厉害了，妈妈，这个孙登大人的啸声也可以叫作响遏行云了。"

"你看，中国的文化宝藏多么灿烂辉煌，成语就是汉语百花园的瑰宝。每一个成语故事后面都有动人的历史文化、民间传说。如果我们舌尖吐出这些言简意赅、生动形象的成语，背后知晓这些生动有趣的故事，生活是不是会增加很多乐趣呢？"妈妈总结道。

"对！"坐在一边的水一爸爸开始插话。

"下面让老爸给你讲个真实有趣的成语故事，你想不想听？"爸爸说。

"好啊，好啊！"水一拍手叫好。

老爸清了清嗓子，故作神秘地问："爸爸是哪所大学毕业的？"

"四川大学，爸爸明知故问。"水一不耐烦地回答。

"没错，那老爸给你讲一个与四川地理现象有关的成语故事。"

"四川地处盆地，空气潮湿，天空多云。四周群山环绕，中间平原的水汽不易散开，那里的狗不常见太阳，看到太阳就觉得奇怪，就要叫。因此就有蜀犬吠日的成语，意思是少见多怪。"

"嗯，蜀犬吠日，很有意思。"水一笑着点点头。

"与这个成语对应的另一个有意思的成语叫吴牛喘月。讲的是江淮一带，夏天天气热，水牛怕热，见到月亮以为是太阳，躺在地上望着月亮气喘吁吁。"

"一个是狗看着天上的太阳不认识，狂叫；一个是牛望着天上的月亮以为是太阳，狂喘气。真是很有趣的成语故事。"水一听完老爸讲的成语故事觉得很过瘾。

谁知，老爸"呵呵呵"爆出三声得意的笑声："水一，还有更精彩的在后头。"

"还有什么？爸爸快讲。"水一追着问。

"老爸当年追妈妈时，妈妈开始一直如孙登大人样，没有反应，一副呆若木鸡状。有一天，老爸在给妈妈介绍四川的风土人情时，给她讲起了蜀犬吠日的成语。谁知妈妈听了后，眼睛发亮，嘴角泛笑，一副很有兴趣的样子。爸爸马上趁热打铁又讲了吴牛喘月的故事……自以为很有学问的她居然是第一次听到这两个成语。从那以后，妈妈开始对老爸有了好感……"

"水一，你看学好成语可以敲开妈妈的心扉呢。这一招，可是老爸的独门暗器哟。"爸爸得意极了。

"因为两个成语而爱上一个人，这可能么？而我就是在听故事的那一刻坠入情网的。"妈妈如实交代。

"爸爸厉害！真是响遏行云耶！"水一大声称赞道。

"哈哈哈——"，我们仨一起大笑不止。

听爸爸妈妈讲那过去的事情

妈妈

木心在《文学回忆录》里有这么一段话:"以前母亲、祖母、外婆、保姆、佣人讲故事给小孩听,是世界性好传统。有的母亲讲得特别好,把自己放进去。"

读到这里,耳畔仿佛传来了童年的歌声:"月亮在白莲花般的云朵里穿行,晚风吹来一阵阵快乐的歌声,我们坐在高高的谷堆旁边,听妈妈讲那过去的事情……"

月亮下、谷堆旁、晚风里、摇床前,小小水一不仅缠着妈妈讲故事,还缠着爸爸讲故事。

在水一眼里,任何事、任何人都能成为故事。听爸爸讲儿时下河摸鱼、到田野打猪草的趣事,她总是掩嘴嬉笑;听妈妈讲童年走山路遭遇蛇的故事,她总是害怕得躲在爸爸背后。水一听故事不嫌重复,有的故事她可能都听了十遍、二十遍、上百遍了,甚至她都会讲了,但她还是要爸爸妈妈不断讲、反复讲,而且每次听的时候,她都像第一次听那样好奇和充满期待。

在春天的晚上,妈妈翻开《安徒生童话》,给她讲《卖火柴的小女孩》,虽然她流下了伤心的泪水,但她却从此爱上了这本图画书。她把这本书放在枕边,说要陪伴那个小女孩。在群萤交飞的夏夜,爸爸和她翻开了《格林童话》,当听到"白雪公主和王子从此在一起幸福地生活"了时,她才安心地睡下。秋雨敲窗的夜里,水一听《一千零一夜》的紧张故事,那段时间她每天早晨一起来就要问爸爸,国王杀了那个讲故事的人了吗?她还很有体会地说:"看样子讲好故事关键时刻还可以保命，不会被国王杀头呀……"春去冬来，5岁的水一会读拼音了，会看图画书了，会就着拼音读故事了，可以拿着爸爸妈妈给她讲过的拼音版《安徒生童话》《格林童话》自己读了。渐渐地，她不再缠着爸爸妈妈讲故事了，她开始拿着拼音故事书，像模像样地给不识字的奶奶念故事了。

6岁以后，水一爱上了"泡"书店。由于家就在图书城院内，所以吃了早饭，她就可以到书店里，像母鸡孵蛋一样坐在书店少儿图书的柜台边一动不动，一坐就是一个上午。有时候，她一头扎进故事书里就像萝卜生了根，拔都拔不出；有时候，她一头扎进《十万个为什么》里，扛着一个一个问号回家，来考问爸爸妈妈；还有的时候，她会看医学方面的书（当然是图画书），回来和奶奶玩扮演医生和病人的游戏。

和故事的初遇，让她找到了快乐和自信。岁月流转，爸爸不曾想到，听爸爸讲那过去的事情会印在宝贝的脑海里，变成一幅画，有朝一日又化成宝贝的文章，成为滋养她气质品格的一种精神营养。13岁时，她以爸爸小时候的故事为题材，在作文竞赛的考场，一气呵成写下《奋进，强者的乐曲》一文，荣获中学生全国作文竞赛湖南赛区二等奖。14岁时，她把爸爸给她上生物补习课时讲的故事写成《年少花意浓》一文，发表在《中学生百科》杂志上。

立言身教，孩子的培养应见之于父母的一切生活细节，总有一天他们会以动人的作品回馈你的哺育！

童言的诗意

妈妈

我的宝贝女儿水一长得像洋娃娃,一双灵动的眼睛黝黑扑闪,尤其她的语言总是跃动着童年的诗意和趣味。

3岁的时候,人家问她:"妈妈是干什么的?""打电话的。"她不假思索地回答。"那你爸爸呢?""炒菜的。"(妈妈有时候一回家,就不停打电话,爸爸总是在厨房做菜。)"爸爸做什么赚钱?""开会,写稿子,打麻将。"(爸爸偶尔打麻将回来说输赢全被她的小耳朵听见了。)

5岁的一天,她说:"妈妈,我每眨一次眼睛,就像电脑刷新一次一样,又充满了新奇和力量。"

6岁的时候,妈妈第一次让她独自乘坐公共汽车,回来以后她说:"今天8路公交车特挤,上来的人钻进车里被挤得咔嚓咔嚓响,脸贴在玻璃窗上变成了窗花纸。"

7岁那年的国庆节,我们第一次带她到上海。在外滩,面对挤得水泄不通的人群,她不禁发出感慨:"上海,上海,人山人海;外滩,外滩,走在外面就瘫了。"

还有一天她对我说:"妈妈,如果我们家的新房要装修的话,我的卧室里要有一张地毯。"妈妈问:"为什么?"她回答:"那样的话,有奢华的感觉。"晚上睡觉的时候,她喜欢在枕头上像小狗似的嗅来嗅去,她说这上面是妈妈的味道。"什么是妈妈的味道?""花香的味道。""那什么是爸爸的味道?"她答道:"爸爸的味道是原味,没被感染的,是汗的味道。"她说:"爸爸和妈妈要多多在一起,我跟着妈妈就想着爸爸,我跟着爸爸就想着妈妈,我是你们的胶水。'宝宝牌胶水,居家实用良品。'爸爸妈妈要睡爱情觉,宝宝不打搅噢!"

何以生幽默

妈妈

水一是爸爸妈妈的开心果。

两岁的时候,妈妈教她数数,她好像对数字不是很敏感。妈妈伸出一根手指问:"这是几个?"

她大声说:"1个!"妈妈肯定地点点头。

妈妈又伸出两根手指问:"这是几个?"

她毫不犹豫地回答:"2个。"

妈妈一路带她数下去。当妈妈伸出五根手指头问水一时,她看了半天,不确定不讲话。妈妈继续问:"水一,告诉妈妈这是几个?"

她嘴里突然蹦出两个字:"很多。"

"哈哈哈!"大人们笑作一团,站在一旁的小水一涨红着脸,以为自己答错了,委屈地哭起来。妈妈把她揽在怀里,照着她的小脸蛋亲了一个响亮的吻,大声道:"啊,我的水一宝贝是个小天才,恭喜你答对了!"这时,她才破涕为笑。

钱锺书曾说:"我们不要忘掉幽默(Humour)的拉丁语原意是液体,换句话说,好像是贾宝玉心目中的女性,幽默是水做的。"看来幽默与女性有着某种天然的交好,也难怪水一从小到大对诙谐幽默的漫画、绘本、脑筋急转弯、冷笑话、小说等有一种天然的喜欢,而这些幽默读物给她的生活带来了无限的快乐和智慧。

6岁的某天,她看了《脑筋急转弯》后,突然把四根伸直的手指在妈妈面前晃来晃去,问:"妈妈,这是几?"

妈妈大声回答:"四。"

她高兴地点点头："答对了。"

她又把伸直的四根手指在妈妈面前晃一下："妈妈，这个用英语怎么说？"

妈妈不假思索地答道："Four。"

她连忙高声回应道："恭喜你答对了！"

接着，她又把四个伸直的手指变成弯曲状，问妈妈："这个用英语怎么说？"

妈妈仍然很肯定地回答："Four。"

水一果断地摇摇头，大声道："错。"

妈妈疑惑不解地望着她，求答案。

只见她把四根弯曲的手指在妈妈眼前晃，眼睛一闪一闪地说道："妈妈，很简单呀，这个——这个——就是 Wonderful 哟，妈妈，弯的 Four 哟！"

小学二年级的上学期，她中午放学回家，常常在阳台上捧着一本书读，读着读着，阳台那边就传来一阵"哈哈哈"大笑的声音。妈妈跑到阳台上看发生了什么趣事，只见她眼里嘴角尽是笑，有时甚至会笑得喘不过气来。妈妈忍不住好奇，想看看到底是什么书有这么大的魔力，让她看得如此开心，定睛一看，原来是《堂吉诃德》。

余秋雨曾说："堂吉诃德一起步，世界破涕为笑。"杨绛在《堂吉诃德》序言中也曾写道："西班牙国王腓力三世在王宫阳台上看见一个学生一面看书一面狂笑，就说这学生一定在看《堂吉诃德》，不然一定是个疯子。果然那学生是在读《堂吉诃德》。"哈，这也在小学生水一身上得到了论证。

水一不仅看幽默小说，还看搞笑的动漫、漫画、绘本。比如4岁时看动画片《猫和老鼠》，小水一恍然大悟地告诉妈妈："原来猫和老鼠是说这种语言的。"她以为英语是猫和老鼠用的语种呢。她还给妈妈开了一系列写得搞笑的书：《小屁孩日记》《可怕的科学系列》《加菲猫》等。

她这样给我们讲生活里的趣事："我是家里的'天气预报员'。秋天的早晨我若醒来，一只脚像螃蟹腿一样支出被窝，就可以探测出天气冷不冷。"

"那冬天你怎么做？"妈妈继续问。

"冬天嘛，天气太冷，就不用脚了。"

"那你有什么好办法呢？"妈妈接着问。

"简单了，冬天的早晨睁开眼测量气温。妈妈，你信吗？我的眼睛就是温度计！"

她这样给我们描述她同学生活常识的贫乏："妈妈，王某某同学的植物知识几乎等于零。"

"为什么？"妈妈问。

"她有一天告诉我，水稻和小麦有什么区别，结出来的果实不都是玉米吗？"

叶圣陶先生曾说过："记诵不过是开端，跟着就得把记诵的那些东西融化在生活里，成为精神上的血肉。"无论是漫画、绘本，还是经典小说，都能带给孩子快乐。当一本书能伴随孩子成长，被她记诵，从舌尖上吐出来，从笔端上写出来时，它就成为了一个女孩的一部分。拉布说："幽默是生活波涛中的救生圈。"在些许不如意的平凡生活中，总有水一不紧不慢的冷笑话掀起快乐生活的涟漪。那天，妈妈考驾照失败回家，很沮丧。水一坐在我面前说道："妈妈，天晴的时候，如果一个女司机突然把雨刮器打开，你猜，发生了什么状况？"妈妈左猜右猜，猜不出答案。只听水一一字一句地说："妈妈，小心呀！她——要——向——右——转弯——了。"

妈妈考试失败的郁闷心情一扫而光。

摇头晃脑背古诗

爸爸

水一在《我的自画像》一文里,写到了一段她小时候跟我一起背诵唐诗的经历:"等我稍微长大一点的时候,看着爸爸的面容,我在睡眼蒙眬中轻轻念起唐诗,只是我不懂诗,结结巴巴地背下来,第二天早上就忘了。但我还是感到开心,因为爸爸教了我一个晚上。"

时间真是神奇的魔术师,水一小时候背诵唐诗的痛苦经历,如今变成了美好的回忆。

水一满周岁的时候,在她的面前,我们摆了笔、纸、书、钱币、小熊玩具,还有不少糖果。水一东瞧瞧,西看看,竟然抓起了一支笔。奶奶见此情景,高兴地说:"水一是吃轻巧饭的,像爸爸一样拿笔杆子吃饭。"我为之一笑,夸张地对水一妈妈说:"振兴中国文坛的希望就寄托在水一身上了。"水一一脸笑容。

2005年9月,一年级开学前一天晚上,水一妈妈和我连夜召开床头紧急会议,商议女儿培养大计。最后,我们定了"一二三工程"。坚持一项基本原则:快乐学习,健康成长。对水一提出了两个基本要求:养成好的学习习惯和生活习惯。抓好三种学习:学英语、学钢琴、背古诗词。我们还明确了分工,水一学习方面的事情主要由妈妈负责;生活的一日三餐和上学放学接送等安全事项,由我承担。水一妈妈考虑到我略懂古诗词,还把督促检查水一背诵古诗词的光荣任务交给了我。

家里的古诗词图书不下几十种,光《唐诗三百首》《宋词三百首》

《元曲三百首》就有好几种版本，还有《古诗源》《玉台新咏》《唐诗选》《唐宋词选》《明诗选》《清诗选》《唐诗别裁》《明诗别裁》《清诗别裁》《陶渊明集》《李白诗歌赏析集》《杜甫诗歌赏析集》《十八家诗钞》《唐诗鉴赏辞典》《唐宋词鉴赏辞典》等，但仔细一看，竟选不出一本适合水一读的。

我到新华书店，在琳琅满目的少儿图书柜台找到了两种插图注音版古诗词读本：《影响孩子一生的300首经典唐诗》《影响孩子一生的101首经典唐宋词》。

书找好了，我首先给水一上了一堂启蒙课：小孩子为什么要背诵古诗词？

我这样跟水一说，有句话叫"熟读唐诗三百首，不会作诗也会吟"，中国的古典诗歌，像唐诗宋词，好比你喝的牛奶。牛奶是小孩子最好的营养品，喝牛奶能补钙长高，增强体质，身体好不生病；唐诗宋词是中国最好的最美的文化，就是一个中国孩子的"精神牛奶"。我们要从小阅读、从小背诵。小时候背诵的东西，会真正"刻进"脑子里，过再长的时间都忘不掉。爸爸小时候背的每一首诗歌，现在都记得牢牢的。爸爸小时候只背诵了课本里的几十首古诗词，没有钱买《唐诗三百首》，也没有人带我读诗、督促我背诗，但就是靠这点"童子功"，爸爸才当上了记者。

水一扑闪着大眼睛，似懂非懂地点点头。

为打消水一的畏难心理,我跟她说:"爸爸跟你一起读、一起背,我们要把背诵古诗当作一件快乐的事情,开展背诵唐诗宋词比赛,看谁背得好,背得快。"水一拍手叫好。

水一3岁时,我们曾教过她一些儿歌和短小的诗歌,读幼儿园时也背诵过一些浅显的古诗,我就从她熟悉的简单诗歌教起。李白的《静夜思》:"床前明月光,疑是地上霜。举头望明月,低头思故乡。"白居易的《赋得古草原送别》:"离离原上草,一岁一枯荣。野火烧不尽,春风吹又生。"孟浩然的《春晓》:"春眠不觉晓,处处闻啼鸟。夜来风雨声,花落知多少。"……这样的诗,读起来快乐,背起来轻松,水一在摇头晃脑之中乐此不疲。

慢慢地,我加大了难度,从五言绝句到七言绝句,从五言律诗到七言律诗,再到宋词、元曲。水一有点"hold不住"了。这时候,我先教她看图、读诗,再讲解这首诗的大致意思,然后,我们一起反复诵读。

再难背的诗词,我一般读过三五次就能背诵,而水一往往读几十次花费半个小时也背不出。可怜的水一有时读得口干舌燥,甚至睡眼蒙眬,才勉勉强强背诵过关。水一喜欢吃泡泡糖,虽然妈妈严禁水一吃泡泡糖,但为了激发水一的积极性,水一每背诵出一首古诗,我就奖励她一个泡泡糖,以至于我那时经常悄悄买些泡泡糖放在口袋里。

我们的家乡永州有"锦绣潇湘"的美称,是诗歌的故乡。南宋诗人陆游诗云:"挥毫当得江山助,不到潇湘岂有诗?"我选取了一些古人写永州的诗歌给水一诵读,读得最多的是柳宗元和元结的诗。像柳宗元的《江雪》:"千山鸟飞绝,万径人踪灭。孤舟蓑笠翁,独钓寒江雪。"柳宗元的《渔翁》:"渔翁夜傍西岩宿,晓汲清湘燃楚竹。烟销日出不见人,欸乃一声山水绿。回看天际下中流,岩上无心云相逐。"这两首诗语言美，情景美，意境美，我们是读了又读，背了又背。

我们特别带水一到柳子庙朝拜柳宗元，感受柳宗元遭贬永州后孤独的心境。到朝阳岩，看一汪碧绿的潇水，看风起云涌，感受柳宗元写《渔翁》的情景和意境。水一从此喜欢上了柳宗元的诗。

读诗、背诗，在不经意间给水一幼小的心灵播下了诗的种子。

在春天，水一会情不自禁地吟诵："红豆生南国，春来发几枝。愿君多采撷，此物最相思。""好雨知时节,当春乃发生。随风潜入夜,润物细无声。"

在夏天，水一跟爸妈去湖里游玩，小舟在荷叶中穿梭，水一领略到"接天莲叶无穷碧，映日荷花别样红"的如画风景。

在秋天，凉风乍起，树叶飘黄，我们一起高声诵读杜甫的《登高》："风急天高猿啸哀，渚清沙白鸟飞回。无边落木萧萧下，不尽长江滚滚来。万里悲秋常作客，百年多病独登台。艰难苦恨繁霜鬓，潦倒新停浊酒杯。"

在冬天，看着外面飘洒的飞雪，水一竟跟爸爸开起了玩笑："绿蚁新醅酒，红泥小火炉。晚来天欲雪，能饮一杯无？"

这样的读诗时光一直延续到小学三年级，四年级时水一随妈妈工作调动，转到长沙育英小学读书，而我还在永州工作。督促水一读诗背诗的任务便交给了妈妈。

育英小学是一所极重视传统文化教育的优秀学校，每年都要举办诗歌背诵竞赛活动。四年级下学期，水一班上举行古诗背诵竞赛，水一靠在永州背下的200多首古诗词，一举夺得冠军。当水一妈妈打电话告诉我这个喜讯的时候，"老夫聊发少年狂"，我连夜从永州赶到长沙，送给水一10个泡泡糖。

一根刺的风波

水一

今天下午,有一个不速之客来到了我手中,这个不速之客是谁呢?它就是——一根刺。

下午,我写字的时候,"哎呀!"我的手好像触了电,"啪"的一声,笔掉在了地上。

"怎么回事?"我检查了一下手指,开始啥都没有看见,再定睛一看,食指指缝里好像扎了个什么东西,一根透明的小刺!

妈妈请来了一位叔叔,她对我说:"水一,别怕疼。这个叔叔是学医的,医术很高明的,让他帮你把刺拔出来。"

"真的吗?"听了妈妈的话,我心里的恐惧少了一些,但还是很担心,拔刺会很痛的。

叔叔问我:"你是想短痛还是长痛?"

"短痛。"我下定决心,咬咬牙,小声说道,"拔。"

叔叔把我的手指放在他眼前,正准备用指甲钳拔,却不小心碰到了指甲。"痛。"我大叫一声,便把手缩了回来。妈妈不是说他医术很高明吗?我开始有点不信任他了。

时间一点一点过去,我还是不愿意把手伸出来。妈妈笑着说:"来,妈妈给你喝点止疼'魔法水',就没有那么痛了。"

说着，妈妈给我递来了一种红色的"魔法水"，我很听话地喝了下去。过了一会儿，好像手指真的没有那么痛了，我慢慢地把手递到叔叔面前。

第二次又开始了，这一次叔叔小心翼翼地一拔，"出——来——了——"。

我长长地舒口气，心里的石头终于落地了！

爸爸妈妈的专用语言

水一

爸爸的专用语言

"宝宝，在家里还好不？今天吃××，要多吃点。一个人在家里要反锁门，小心坏人。没有什么事早点回来啊。看清楚路。晚上睡觉要盖好被子，不要冷到了，咳嗽的话，喝点板蓝根，再喝一点抗病毒口服液。我回永州去了，等下周末再来。你记得告诉妈妈冰箱里面还有××菜，晚上煮来吃，煲汤啊，清炒啊，随你们便。衣服我也洗好了，家里面要搞卫生，我下午到外面买一点菜。你在家里要好好学习，争取考个好成绩，妈妈一个人管你非常辛苦的，你要听话。数学考试的时候记得不要粗心，检查每一道题目做对了没有……（省略若干字）"说完这些话，爸爸转身玩斗地主去了……

妈妈的专用语言

"你喜不喜欢妈妈?喜欢我的哪一点?为什么啊?宝贝,妈妈漂不漂亮?你今天读了什么有趣的书,可以跟妈妈分享一下吗?你今天弹琴了没有?今晚回家妈妈做什么菜啊?爸爸在家里留了什么菜?爸爸有没有喝酒?你要监督啊。宝宝,家里的指甲刀呢?妈妈的眼镜放哪里了,快帮我找找……(依旧省略若干字)"随后妈妈哈哈大笑。

我总结归纳为:处女座关心类——爸爸,生活低能儿问题类——妈妈。

水一阅读书单

1—3岁 听妈妈读童话,讲故事

《365夜故事》(上下)　《卖火柴的小女孩》　《灰姑娘》
《海的女儿》　《西游记》(少儿版)　《中国民间故事》
《小红帽》　《封神演义》(少儿版)　《说唐全传》(少儿版)

4岁 开始了和妈妈的共读生涯

《加菲猫》　《猫和老鼠》　《101忠狗》
《史努比》　《三毛流浪记》

(4岁半以后可以开始独自根据妈妈讲故事的书自己看书了。)

《安徒生童话》（插图本）　　《格林童话》（插图本）

《木偶奇遇记》（插图本）　　《三字经》　　《千字文》

《千家诗》　　《我不是完美小孩》　　《名侦探柯南》（漫画版）

5岁

《伊索寓言》　　《影响孩子一生的101个神话故事》

《一千零一夜》　　《蔡志忠漫画国学经典》　　《父与子》

6岁

《尼尔斯骑鹅旅行记》　　《爱丽丝漫游奇遇记》

《影响孩子一生的300首经典唐诗》

《影响孩子一生的101首经典唐宋词》

《十万个为什么》（图画版）　　《脑筋急转弯》

7岁

《冒险小虎队》　　《影响孩子一生的300个成语故事》

《小学生必背古诗七十首》　　《上下五千年》

《中国少儿百科全书》（少儿版）　　《史记》（少儿版）

《小屁孩日记》

8岁

《格列佛游记》　　《海底两万里》　　《八十天环游世界》

《死了一万次的猫》　　《堂吉诃德》　　《七天变成小特工》

9 岁
天地阅览室 万物皆书卷

和树在一起，就对了，那是和天地连在一起；和书在一起，就好了，腹有诗书气自华。

9岁的水一阅读了《森林报》《林中水滴》《昆虫记》等关于大自然里动植物等科普方面的书籍。她对大自然充满了诸多好奇与疑问。她用自己的脚印去阅读大自然这本书：到永州八景访古寻踪，到湖南省植物园观赏樱花，到小树林里冒险，到草丛里邂逅小猫、小狗，到角落里寻访蚂蚁……给她书本，更要给她求知的心和探索的热情；给她科普知识，更要给她大胆假设、小心求证的科学精神。

《皮皮鲁与蛇王阿奔》阅读记录卡

水一

简介：蛇王原本是一条蛇，因为看到人类的幸福生活，便不想做蛇王了。结果，它投胎当上了人，被自己的亲人视为神童。一次次危险扑向它，但它用智慧战胜了危险，最终回到了蛇的世界。

感想：每个生物都有自己生存的方式，不要厌恶你的世界。你是上天创造的，上天为什么把你创造为人呢？因为它要让你幸福，所以我们要珍惜自己、珍惜生命。

读《渔歌子》

水一

渔歌子·西塞山前白鹭飞

[唐] 张志和

西塞山前白鹭飞，桃花流水鳜鱼肥。

青箬笠，绿蓑衣，斜风细雨不须归。

  我来到了西塞山，这里的风景如诗如画，真像天上人间。

  西塞山前的白鹭在空中盘旋着，看，它们那洁白的翅膀张开，发出"扑腾扑腾"的声音，它们的心中一定在想：这么美丽的西塞山，能在这生活的话该有多好啊！可它们只是飞着，在那一瞬间，我感觉整个世界寂静了，唯独它们在空中舞动。

  桃花飘、溪水流、鳜鱼跳，流水多么清啊！桃花粉粉的，落在流水上，漂向远方。鳜鱼跳起来，溅起的水清澈透明。

  我穿着绿蓑衣，头戴斗笠，坐在船上钓鱼。不久风吹起了，雨下起了，这么自由的生活何须离去？

梦想带她回家

水一

一个叫多罗希的小姑娘被龙卷风吹到了一个奇妙的国家——奥兹国，在那里她认识了许多朋友：稻草人、铁木匠和胆小狮。每个朋友都有一个愿望，稻草人想要一个脑子，铁木匠想要一颗心，胆小狮想要勇气，多罗希想回到自己的家乡……他们都能实现自己的愿望吗？

因为被这些情节深深吸引，我不由自主地看下去。他们听说有一个奥兹大王，他住在翡翠国里，法力无边，可以帮助任何人实现自己的梦想，多罗希和她的朋友们为了实现各自的梦想踏上了去翡翠国的路。

一路上他们经历了各种各样的惊险遭遇：稻草人因用力过猛被困在了河中央，幸好大鸟先生帮忙将他叼回了岸上；胆小狮差点被虎头熊吃掉，关键时候铁木匠把独木桥砍断救起了胆小狮；多罗希被西方女巫当女奴使唤，有一次恰巧她把水泼到了西方女巫身上，西方女巫像雪糕一样化成了一摊水……虽然险象环生，但通过大家的共同努力，他们战胜了重重困难，终于找到了奥兹大王，每个人最后都实现了自己的愿望。

看了《绿野仙踪》，我深深地懂得，一个人有梦想就会有希望，坚持自己的梦想，碰到任何困难都不放弃，最终我们都会像小姑娘多罗希一样乘着梦想的翅膀飞回家。

坚韧的雏菊

水一

　　有一本叫《美德花园》的书，里面讲述了许多故事。花朵里竟然住着仙子。这些花是我们通晓的玫瑰、茉莉、仙人掌……这些花的种子都来自美德花园。仙子的首领叫普灵王，他是一只蜻蜓带大的，本领高强，拥有76 000只复眼，他可以预知未来，能让所有的仙子都避开即将发生的灾难。

　　这本书让我懂得了很多美德：帮助他人、不撒谎……最让我感动的是雏菊坚韧不拔的精神。很久以前的太阳、月亮、星星可不像现在这样乖乖地在天上值班。太阳爱睡懒觉；月亮白天出来散步，晚上没精神；星星搞游泳比赛，弄得夜空光溜溜的一片。地球上的生物提出抗议，到天神那去投诉他们，但太阳、月亮不服气地说："那你们得接受我们的挑战！"星星附和道："是的！"这时，雏菊仙子挺身而出，999天数麦子，数到最后一粒喂给太阳的公鸡吃！面对太阳、月亮、星星的骚扰，她完成任务，多么坚韧的花啊！

　　我过去做事总是虎头蛇尾，看了这本书，我明白了坚韧的品质是多么重要！

爱上阅读爱上写作

看樱花
水一

周日，我去植物园看樱花。《名侦探柯南》里写过樱花，所以我想看真的樱花。

樱花花瓣白白的，从树上慢慢地飘下来，是那么纯、那么柔、那么美。远处看樱花，花瓣像缤纷大雪。樱花的香味淡淡的，摸上去，花瓣滑滑的、嫩嫩的，舒服极了。

樱花的影子荡在美丽的樱花湖，真是美极了。

我想有只猫
水一

当我一个人走在回家的路上，看着万家灯火，我曾想过，有只猫该多好！

你可以告诉它:"我走了!"也可以兴奋地对它说:"我回来了!"

当你很伤心时,它可以舔你的泪水;当它很快乐时,你可以用你的一个小指头触摸它。小猫的眼睛可是绝对贼亮的,它可以一个劲地瞪着你。它伸懒腰时,圆滚滚的身子会趁你没防备时突然在地上打个滚逗你玩;调皮的时候,它还会在你的稿子上踩上几朵小梅花。

小猫的性格真古怪,它听到小动静会吓得不得了,见到小虫子,却一点也不怕。它是抓老鼠的能手,还会跟蛇搏斗呢!

俗话说得好,猫有九命。它是世界上最可爱的动物,我真想有只猫。

水一阅读书单

《乔治探索宇宙的秘密》　　《森林报》　　《昆虫记》

《胡萝卜须》　　《林中水滴》　　《我的野生动物朋友》

《名人传》　　《西游记》(少儿版)　　《封神演义》(少儿版)

《三国演义》(少儿版)　　《哈利·波特》(1—2)

《美德花园》　　《可怕的科学系列》

《妞妞:一个父亲的札记》　　《绿墙上的安妮》

《玩过小学》　　《绿野仙踪》

《皮皮鲁和鲁西西》　　《名侦探柯南》

10 岁
爱让魔法插上翅膀

她喜欢广袤的宇宙，也喜欢微小的昆虫，但是，或许还会有更有趣的事情也不一定，比如魔法、冒险、奇幻、探案类小说就充分满足了 10 岁小女孩的好奇心。水一在汤姆·索亚探险的密西西比河河畔"漫步"，在丝丝入扣的福尔摩斯的探案理性分析中沉思，在 J·K·罗琳的魔法世界里飞翔。她说魔法是霍格沃兹学校里最灿烂的光辉，是无数心怀勇气的人想要追寻的力量，是用最真诚的态度和最饱满的能量才可以召唤出来的武器……

在这些想象诡谲离奇、情节紧张刺激、人物鲜活独特的书里，水一的阅读旅程惊喜不断，探索的脚步永不停歇。

魔法的光芒

水一

　　哈利·波特是一位充满智慧的巫师,关于这些内容,哈利迷们就不用我解释了吧。

　　其实《哈利·波特》不是我主动看的,那时我大概9岁,听说过哈利·波特的名字,可没看过书。当时,老妈想让我看书,便使出了撒手锏(看来让我看《哈利·波特》是很困难的):"宝宝啊,看过《哈利·波特》没?好好看的,妈妈明天帮你买咯。"我想:自己不出钱,不看白不看,就答应妈妈吧!老妈果然很守信,第二天,《哈利·波特》的书就到了我手中。一翻开,我有些摸不着头脑,啥是魔法石啊?《哈利·波特》的开头让人看了头晕,什么霍格沃兹魔法学校啊,里面还有四个学院,名字都记不住。真是什么都搞不清,早知道不买了。可看到后面时,学院的名字我都分清了。看来,开头的啰唆是正确的,就像水蜜桃,开始吃没感觉,可后面越吃越甜。

　　到现在为止,我还在看,写得真不错,我想把《哈利·波特》推荐给大家。《哈利·波特》主要写的是一位小男孩波特,他小时候父母双亡,寄住在姨妈家里。姨父对他很不好,但一个秘密打破了波特的生活。他是巫师,他怎么会是个巫师?后来他去了魔法学校,认识了两个朋友,赫敏、罗恩,还知道了真相:他的爸爸妈妈是被魔头伏地魔杀害的。波特在学校里经历了一件件惊奇的事情,他当了魁地奇(是一种巫师的体育项目)找球手,教父被关在囚牢里,伏地魔复活了……

《哈利·波特》让我懂得了友谊、诚实。世界上或许真的有魔法、有巫师。但即使有,我们这些麻瓜也不会知道的。《哈利·波特》,我希望它可以继续出版。

一个哈迷的倾诉

水一

《哈利·波特》系列图书一共有七部，被翻拍成了八部电影。无论是书还是电影，每部我都至少看了五遍以上，这还不够劲儿，今年我又买回《哈利·波特》全英文版重读。这是一个会让人惊讶的阅读数字，但是这些数字放到《哈利·波特》里就不会那么惊奇了。热爱这部书的人大都对它了如指掌，来回看过这么多遍的大有人在。博尔赫斯曾说过："比阅读更好的事，那就是重读。"

很难想象，一年中我阅读《哈利·波特》的时间加起来有一个月。春天万物复苏时，我看到哈利怀着希望踏上开往霍格沃兹的列车开始自己的魔法之旅。夏天电闪雷鸣时，我看到哈利一次次地用勇气战胜不可知的困难。秋天落叶飘零街头时，我看到哈利身边亲近的人被迫害，哈利忍住自己的悲痛继续前行。冬天大雪纷飞时，我看到哈利孤身与伏地魔战斗。

每一个不同的时节，我都有这本书的记忆，遇到各种困难时我都能在哈利的勇气中前行，哈利是我的良师益友。

当初看这本书时，我只有9岁。关注点侧重在魔法世界的各种神奇之处。开往霍格沃兹的是一列火车，它停靠的站台叫"九又四分之三站台"，你必须要手握推车撞向9和10之间的某根柱子，才能进入这个通道。进入学校的一年级新生会根据自己的性格被分到学校的四个分院。除了这些，还有巫师们骑在扫帚上玩球类运动魁地奇，各种各样的魔咒，神奇生物……这些对一个喜欢稀奇古怪事物的女孩而言是最好的礼物。

　　长大一点了,我开始关注哈利临危不乱的勇气和他身上异于常人的品质。

　　邓布利多将哈利放在了他的姨妈家,让哈利学习自谦,而不是成为偶像般自大的存在。这个内容,是我最近才看懂的。以前我一直不明白为何有名声之后还要摆出求学的姿态,但看了《哈利·波特》,我知道了,一个不谦虚的人会成为伏地魔,掉进狂妄的深渊。

　　我现在盼望着霍格沃兹学校是不是某一天会给我寄来录取通知书,盼望着某天哈利带我去旅行,远离尘世。

一封爱的魔法信

妈妈

水一一直有个心愿：她喜欢的东西，妈妈也要当作宝贝。比如她喜欢侦探故事，爱看《名侦探柯南》《福尔摩斯探案集》，她希望妈妈也和她共读。10岁的时候她迷上了《哈利·波特》，因此常常缠着妈妈陪她看书和看电影，谁知道，妈妈特别不配合，对侦探和魔法之类的小说好像天生提不起兴趣。

每逢和人说起这件事情，水一就会面带遗憾打趣地说："我妈妈每次看《哈利·波特》都会睡着，《哈利·波特》是我妈妈最好的安眠药和催眠曲。"

在妈妈的印象中，《哈利·波特》系列图书是书店的畅销书，系列电影是电影院里的票房冠军，电影还是妈妈介绍给水一看的。但妈妈迟迟没有看过这套书，也没有走进这一系列电影里。

直到有一次看到水一写的一篇自传体的文章《我的自画像》，其中提到，"我幻想着什么时候霍格沃兹的校长邓布利多会给我寄来一封信，让我和哈利·波特一样，戴上分院帽，到一个我喜欢的地方学习魔法。"

妈妈读到这些字的时候，内疚之情油然而生，童年不可逆转，岁月不可重来。好一个粗心的妈妈，居然没有发现自己的孩子有这样一个童话般的愿望。生活的匆忙，工作的过分投入，让妈妈何时忽略了这样一颗晶莹纯真的童心？

2014年一个有月亮的晚上，读高一的水一望着天空幽幽地说："在天的那边，是苏格兰，那里有霍格沃兹魔法学校，妈妈，长大了如果要留学，我一定去英国。"

　　2014年10月15日，高一班主任给我们家长布置了一份家庭作业，给孩子写一封信。跟水一爸爸商量后，我们模仿邓布利多校长的口气给水一寄去了一封迟到的魔法信。据水一后来回忆说，刚打开信笺时，她浑身颤抖，一股爱的暖流奔涌胸膛，顿时泪流满面。她恍若置身于魔法世界，心中无数次反问："真的是邓布利多校长写来的信吗？"这封信的力量，让母女之间感情倍增，妈妈好像也得到了魔法，终于一口气将7本《哈利·波特》读完，成了一位真正的哈迷。

　　2015年9月27日，妈妈在山西太原参加第二十五届全国图书交易博览会，在会上巧遇《哈利·波特》一书的翻译者郑须弥女士和该书的责任编辑王瑞琴女士。作为哈迷，妈妈有幸和她们合影留念。回来后把这张照片带给水一，她激动地跳了起来。

　　2016年1月14日晚10点，水一从厕所里出来，泣不成声地告诉妈妈："他死了……妈妈，我好难过。"然后失声痛哭起来。原来，水一读到这样一条新闻：艾伦·克里曼（斯内普的扮演者），于本周四晚因癌症去世。她悲痛如失去亲人，哽咽地说："妈妈，我感觉我的童年失去了一部分。"

有的人死了，但他却活着。艾伦·克里曼一路走好！他让斯内普教授这一银幕形象永生！

邓布利多校长的来信

亲爱的水一小朋友：

我是邓布利多，虽然你已满15岁，但你是我们魔法学校的一个特例，受你爸爸妈妈的委托，给你寄一封信。

首先恭喜你成为长郡梅溪湖中学的一名学生。经过初三半个学期的冲刺，你取得了这么好的成绩，这一过程让你领悟到只要用心拼搏，就可以战胜自己，就可以创造奇迹。

现在你是一名高中生了，作为长郡系的学员，你沐浴着名校历史的荣光，也承载着名校未来的责任，希望你在新学期展翅高飞。

我们霍格沃兹魔法学校的精神是：勇敢、活泼、骑士精神。

面对横在你面前的功课，尤其是数理化中的"伏地魔"，首先要树立信心。我曾经说过，对一个名称的恐惧，会强化对这个事物本身的恐惧。对付困难我们需要超人的胆量，要相信自己能够扫除"伏地魔"。其次，面对困难要静得下心，要发扬钉子精神，紧紧钉进去。不懂的地方要一一标注，做错的题目要定期整理，对重点、难点、疑点要定期回望。要养成每日回放总结的良好习惯，正确使用好错题本。

学习不是一朝一夕的事情，不仅需要激情，更需要韧劲。罗马城不是一天能建成的，魔法不是一天能练成的，学霸也不是一天能蜕变成的，要有持之以恒的毅力。水滴可以穿石，坚持就是力量。

你不仅要勤奋读书，而且要巧读书。上课前要预习，对学习的内容有个大致的了解；上课时用心听讲，跟着老师的讲课思路走；课后要复习，抓住课余的碎片时间，记英语单词，背古诗文，阅读名著。要多与同学交流讨论学习方面的问题，大胆提出自己的解题思路。

水一，请大胆地展现一个真正的自我。

你的朋友：霍格沃兹魔法学校校长　邓布利多

2014 年 10 月 17 日

爱的网在温暖的风里

水一

　　《夏洛的网》是一本打动人的书。但我最喜欢的情节，是最后一章《温暖的风》。威尔伯是多么想夏洛呀，它整天守在夏洛的袋子旁，等着小蜘蛛的诞生。

　　一次，威尔伯发现夏洛的袋子里有如沙子的小东西在爬，它一看，是夏洛的孩子。可它们是飞天蜘蛛，要到外面的世界去织它们的网。威尔伯伤心欲绝，以为没有小蜘蛛愿意留下陪它，它哭着哭着竟睡着了。醒来后，它看见夏洛的三个孩子在门边织网，它们喜欢留在这。它们一个叫快乐，一个叫阿拉尼，还有一个叫内莉。夏洛的子孙一代一代繁衍着，每年都有新的小蜘蛛留在威尔伯的身边。

　　夏洛是一个忠实的朋友，它用自己的一生换来威尔伯的新生，多么美啊，一张张创造神奇的蜘蛛网。

　　夏洛的网是永恒的，夏洛也是永恒的。

爱是一张网

妈妈

前几天，10岁的女儿交给我一个作业，和她共同阅读《夏洛的网》这本书。她写的读后感，是这样一个标题：爱的网在温暖的风里。10岁的孩子能写出这样的心得，我大大地表扬了她一番。

《夏洛的网》讲述蜘蛛夏洛和小猪威尔伯之间的友谊。威尔伯是一只普通的小猪，它的命运是长大后被宰杀，它从出生就注定了逃不过作为人们餐桌上美食的悲惨命运，然而它的朋友夏洛却为它创造了一个又一个奇迹。在夏洛编织的爱的网里，威尔伯从一只普通的小猪变成了一只浑身上下充满传奇色彩的王牌猪。夏洛用它无私的爱成就了朋友的光彩照人的人生。它不求回报，它默默付出，即使献出生命也在所不惜。女儿为这份纯洁的友谊流下了晶莹的泪珠。我们在这种高尚的爱里感动着。

爱是一张漫天的网，牵着你，连着他。在婚姻的殿堂里，他牵着她，要执子之手，与子偕老。从此漫漫人生路上就有一张爱的网与他俩相伴，在以后的日子里，不论贫穷或富有，生病或健康，始终忠诚彼此，相亲相爱，永浴爱河。在天做比翼鸟，在地做连理枝，就是百年了也要像梁山伯与祝英台一样在爱的风里浪漫如蝴蝶翻飞。父母的舐犊之爱，兄弟姐妹的手足之情，夫妻的肌肤之亲，朋友的纯洁友爱，总理对国家的赤子之爱……有爱，我和你，心连心，永远一家人；有爱，我和你，心连心，同住地球村。

爱是一张神奇的网，成就威尔伯的幸运。爱的网，能网住自信，网住激情，网住坚忍不拔的毅力……爱像春天里的阳光，使大自然充满生机；爱是魔法师手中的魔法棒，起落之时就有了点石成金的奇迹。

爱是一张奉献的网。长路奉献给远方，玫瑰奉献给爱情，白鸽奉献给蓝天，星光奉献给长夜，雨季奉献给大地。任时光流逝，依然为爱的人，为热爱的事业奉献，不悔衷肠。

夏洛的网是一张用爱编织的网。夏洛死了，它编织的爱却代代相传。爱的网在温暖的风里摇曳，漫天罩过来，你我都不能逃脱……

一样的童年，不一样的回味

水一

最近我看了两本书，一本叫《城南旧事》，另一本叫《童年》。我觉得《城南旧事》吸引人一点。

咱就先谈《城南旧事》这本书吧。书里主要写作者小英子家里发生的事，写得很感人。小英子是个可爱的小女孩，她随着爸爸妈妈来到了城南——当时北京城的南边。小英子很小，对世上的什么都感兴趣。小英子的父亲因为生病早早地离开了人世，增加了故事的曲折性。

高尔基的《童年》，我是迷迷糊糊地看完的。细节有些不清楚，可是主要内容我还记得。这本书写高尔基的童年。他遭受委屈，生不如死，在家当用人，被人欺负。如此悲惨的《童年》，我感受很多。

这两本书有太多相同的地方了——它们都写童年的故事，很耐读，我看这两本书时都哭了，还哭了好几遍。童年的事就该早点记下来，要记牢，长大后再回味童年，可就不一样了。

勇敢的小英雄雨来

水一

  我最近看了一本书《小英雄雨来》。这本书对我影响最大的就是这本书的主人公——雨来。

  他个子不怎么高，但很精神，两只眼睛炯炯有神，剃了一个小平头，和电影《小兵张嘎》中的嘎子很像。

  他的游泳技术和我差不多，他在芦花村的河里上下穿梭，而我在游泳池里扑通扑通。他很爱国，这一点我们俩也差不多。

  我觉得雨来有很多优点。他很机智，无论鬼子来硬的还是来软的，他都没有说八路在哪。他很灵活，由于游泳技术很高超，几次危险时刻，他都用游泳脱身。我最想学习他的勇敢，他领着鬼子大队在河岸走，多大胆呀。他还假装被水浪冲走，结果鬼子一个一个被炸飞了，真是勇敢得令人佩服。

爱上阅读爱上写作

岳麓山踏青

水一

上周五,全校都去春游,目的地是岳麓山。岳麓山我去过好多回了,这次虽说有点不想去,可是不去白不去,可以去山上呼吸一下空气,养养神。

去的路上,有些同学按捺不住自己兴奋的心情,在大巴上一展歌喉,我们给他们加油。不错,唱得还算好听,还算整齐,真没有辜负音乐老师。"啊!看到岳麓山了。"只听后面传来邓卓的声音,"看到岳麓山没?"随后就又像个麻雀叽叽喳喳。

上山,Go!Go!Go!山路不崎岖,绿树一大片一大片,阳光从缝隙中射进来,照着我们。我加紧脚步,直接小跑了上去,还是前几名呢!

参观的景点是鸟语林。里面好多的鸟,极可爱。在去鸟语林之前,我一直以为孔雀不会飞,这次我看见了孔雀飞,它先是慢悠悠走到一个棚旁边,接着,翅膀发出一阵"扑啦扑啦"的声音,孔雀展翅从地面飞到了棚的上方,摆了一个pose(姿势),接着又听到一阵"扑啦扑啦"的声音,转眼之间就到了地上,真够神速的。

我还看了鸟的表演会。有一只鹦鹉闹脾气,不肯说话,主持人急了,可没想到鹦鹉反啄了主持人的手,疼得他哇哇大叫,这个表演就在我们的笑声中"光荣"闭幕。再是小鸟表演穿五环。小鸟也闹脾气，才飞了一半，就回转，抓住外面的铁丝不放，那驯鸟师和主持人的眼里急得都快要飞出刀子了。

这次亲近大自然真是放松，我和好朋友一起度过了一段美好时光！

被狗追着咬

水一

今天下午放学，发生了一场"追杀"案件，被害者是我，"凶手"是一只小狗。

当我慢悠悠地走进院子时，一双眼睛盯上了我。我定睛一看，原来是一只狗，它的女主人就站在旁边。被狗看着的我，浑身不自在。老家曾有一只狗咬烂过我的校服，从此我就十分害怕狗了。

只见那一只狗蹭了蹭女主人的脚，向我跑来。我咽了咽口水，想起妈妈对我说的话："有狗的话，不要怕，绕道走就行了。"想到这里，我便插入小道，可是那只狗还是跟着我，我感觉我的心脏在猛烈地撞击肋骨。我不时回头看，十分想跑，可是担心狗会来追。狗离我更近了，我听到了狗喘气的声音。狗突然叫了起来，吓得我拔腿就跑，狗跟在后头追。天哪！我发疯似的跑，跑了有一分多钟，前头有一条路可以插到狗的女主人那条道路上。我用足了力气跑过去,女主人看到我十分惧怕那只狗,赶紧把狗给拦住了,笑着对我说:"妞妞喜欢跟人赛跑,刚才只是和你开个玩笑,以后会熟悉的,别怕呀!"

原来这只狗的名字叫妞妞,我才不管它叫妞妞还是歪歪,我吐了吐舌头,一溜烟跑了。回家开门时,我的手已经不听使唤,两腿比出锅的面条还软。

这一次更加深了我对狗的恐惧,下次遇到狗,打死我也不跑。

水一阅读书单

《哈利·波特》(3—7)　　《夏洛的网》

《爱的教育》　　《快乐精灵》　　《梦想风暴》

《比糖果还甜蜜》　　《皮皮鲁遥控老师》

《舒克与贝塔》　　《隐形汽车》　　《城南旧事》

《童年》　　《小英雄雨来》　　《笑猫日记》

《福尔摩斯探案集》　　《奇迹花园》

《汤姆·索亚历险记》　　《假如给我三天光明》

《哈克贝利·费恩历险记》　　《小妖的金色城堡Ⅱ》

11 岁
动物小说的爱恨情仇

　　2010 年，由于听了沈石溪老师的讲座，她读了沈石溪的大量动物小说并爱上了这一类的阅读题材。动物小说刺破了人类文化的外壳和文明社会的种种虚伪表现，展现了原生态自然生命的顽强和坚韧。她开始对生命哲学和生存法则进行探问并有了些许环保意识。

猫喵且有灵

水一

我有一个遗憾。

我没有养过猫。

小时候我无数次幻想过拥有一只猫。在我开心的时候,它会蹦上我的膝盖,低下脑袋,安心地露出它的脖子,咕噜咕噜地撒娇;在我独自伤心落泪的时候,它不会离开我,守候在我的身边,静静地用它那带有细小卷刺的舌头舔舐我的泪水。

幻想久了,真的会有奇缘。4岁秋天的一个黄昏,我和妈妈在院子里玩耍。一个比我大好几岁的男孩子,从书店里拿了几本书,没有付款就偷偷往家里赶,正巧被妈妈发现了。妈妈撇下我,把那个孩子拉在一旁,很耐心地教育他。我显得有些无聊,朝院子围墙边那片长得茂盛的草丛走去。突然,一声细小的呼唤传入了我的耳朵:

"喵——"

我顿时打了一个激灵,开始仔细地寻找身边任何有可能发出这个声音的物体,确定了不是哪个孩子捣乱之后,我将目光投向了声音发出的方向——草丛。

经过了很久的努力,正当我觉得眼睛因为瞪得过大要眩晕的时候,我看到了一只黑色的猫。围墙投下来的阴影罩在了它身上,它就像是从黑暗里走出来的使者。我只能看清楚它的眼睛,还有它那条焦躁的、摆动不停的尾巴。

我慢慢蹲下来,试图和它沟通,开始学猫叫。它似乎能读懂我的心思，在草丛里"唰啦唰啦"动了两下。我看见那两只像宝石一样的眼睛离我近了一点，虽然只是近了一点，我的内心却早就激动得不成样子："我果然能做到和猫交流！""我自己会不会就是一只猫呢，只是变成了人类的样子？"这些想法还没成型的时候，我赶紧稳住了自己的心，留在原地没动，向它摆出安全的手势，继续学它："喵——喵——"它犹豫了很久，最后还是迈开了脚步。那个带肉垫的爪子在空中晃了好像近一个世纪的时间，第二、三、四只脚才相继落下。因为它一直畏畏缩缩地不敢前进，我也畏畏缩缩地不敢去抓它，于是我就"喵喵"地叫了大概二十分钟，它终于走到了阴影外面。

真是一只漂亮的猫，金黄色的光芒洒落在它纯黑的皮毛上，那两只眼睛直直地望着我。

原来猫也和狗一样是能够听懂人类内心话的动物。我伸出手，做了一个拥抱的动作，它乖巧地走到我身边，俯下了身子，我没有一丝犹豫，把它抱在了自己怀里。它身上没有那种大人们常说的刺鼻的味道，我感觉到它就是一团暖烘烘的毛。

我还没有好好享受这一段人猫和谐的时光，身后传来了一声恐怖的尖叫："啊！宝宝你在做什么？快把猫放下！"怀里的那一团毛突然变得僵硬了起来。为了让它不害怕，我把它放到了地上，它踮起脚尖，没入了黑暗里，消失时还扭过头来望着我。

从那以后，我在院子里玩的时候，总是想着能不能再碰到它一次，可是没有再见面了。也许它那天只是偶然经过我们院子吧，最后我只能这样安慰自己。

从那以后，我更喜欢猫了。我看了很多关于猫的小说，猫的漫画，最经典的是《猫武士》和《猫国物语》。这些书里很多讲到了猫热爱主人，也会有忠诚之心。《猫武士》讲的是一只宠物猫，误打误撞到了野猫的领地，从此成为一只守护领地和平的武士猫的故事。《猫国物语》是一部比较生活化的漫画，里面编绘了上百只颜色各异的猫咪。这是画家在游历一个名叫猫国的国家时所画的，书里详细地介绍了怎么去这个国家，这个国家的历史是什么样的以及这个国家的风俗习惯。

　　我在翻看这些书的时候经常想，我如果有只猫该多好啊。我可以不厌其烦地和它玩，虽然会嫌弃它不分场合地排便。

　　如果我还能碰到那只在院子里遇见的黑猫，一定会坐下来好好地抱抱它，和它聊聊天，满足我这么多年来的一个愿望。

（11岁读的书，15岁写的文章）

刹那之永恒

妈妈

有人说,童年印象深刻的事情,会在人的心里打上深深的烙印。

4岁草丛邂逅黑猫后,水一从此爱上了猫。9岁的时候她提笔写了一篇《我想有只猫》的文章。

水一小学五年级时,全世界都在迷《猫武士》,不读《猫武士》,别说你认识猫。那个暑假,水一在看这部书的时候简直落入了猫的丛林。宠物猫拉斯特的命运紧紧地牵住了她小小的心房。水一时而高兴地哈哈大笑,时而紧张得屏住呼吸,时而为猫武士的忠诚和牺牲精神落下热泪。

后来,她又迷上了《猫国物语》。此书是热爱旅游的莫莉蓟野在旅途中造访位于意大利米兰南方,一座名为"NEARGO"的城市时,记录下的点点滴滴。在这座城市里,人类与猫咪和谐共存,每只猫咪都有鲜明的样貌、个性、癖好、生长背景,甚至职业等。

周末的时候,小水一常常躺在我怀里,我们一起翻到《猫国物语》的某一页,看一只慵懒的猫,或一只顽皮的猫。阳光下,猫炯炯闪烁的眼睛抑或毛茸茸的白毛,惹人爱怜。从来没有一本书,光看图就让人觉得美好和幸福。水一常常会边看边发出感慨:"妈妈,猫咪好可爱哦,啊,我想有只猫。"

记得高一的某个清晨,我们在阳台上聊天,水一很认真地对我说:"妈妈,我觉得《猫国物语》里记载的这座名为'NEARGO'的城市一定在这个世界。你看,书里有详细的地图、行政区、货币的使用方法、旅游路线等，一切都如此详尽。102只猫在这座小岛上过着幸福的生活，那真是一座奇幻的小岛。妈妈，你说是吗？说不定，我那天邂逅的小黑猫就是从那座小岛上来的。"

4岁的记忆还是这样鲜活。多少次水一一直念念不忘她在草丛中与那只黑猫的美好邂逅，它是黑暗的使者，是神秘的信使。4岁的水一蹲在草丛中，小心翼翼地守护着她的信使，却被妈妈一声叱咤，残忍地打断了，如今她在阅读里又找到了黑猫的影子！妈妈把水一紧紧揽在怀里，坚定地告诉她：妈妈相信，一定有这么一座小岛，在那个岛上，猫和人一样，过着幸福美满的生活。

一切皆能玩过

水一

我的小学生活很好玩,像一次又一次的旅行,先后转了四所学校,走了两座城市。每次刚记住同学们的名字,就要背上书包奔向另一所学校,整个小学都在一种忙忙碌碌的状态中度过。所以《玩过小学》这本书的名字一下子就吸引了我,再一看序言就更惊讶了,作者竟然是一位只有9岁的小女孩,她的名字叫范姜国一。

她的小学生活也很好玩吗?会有一些怎样有趣的故事呢?带着好奇和向往,我迫不及待地翻开了这本书。书里记下了范姜国一从小学一年级到五年级经历的78个小故事,因为和我的小学生活很相似,所以我越读越喜欢,一口气就看完了这本书。

不得不承认,我的小学生活是比较轻松的,每天作业很少,功课也不怎么难,回家之后就玩电脑看电视,和天天在外面不停补课的同龄伙伴有着不同的生活。妈妈在书店里工作,爸爸在报社里上班,无聊的时候我会去书店里边看书边等妈妈下班。父母的教育方法很好,我的心愿他们一般都会帮我实现。

我记得书里有一个情节,范姜国一拿着一根黄瓜当话筒采访她爸爸,她爸爸一低头就把黄瓜咬了一口。我爸爸也是记者,但我没有采访过他,倒是经常和奶奶一起玩医生看病的游戏。家里的玩具娃娃我都一一摆好,叫奶奶抱着,我假装是医生,故作专业地问:"得了什么病啊?"奶奶此刻就接话,什么咳嗽啊、流鼻涕啊、发烧啊,然后我把这些症状写在纸上,从抽屉里扯出药给奶奶"吃"。这些游戏我们每天都玩，不厌其烦。

后来妈妈调到长沙工作，我就随妈妈转学到了长沙育英小学。妈妈平时很忙，都是让我一个人在家。我喜欢天马行空地想象，写了很多没有结尾的小说，幻想有一天能环游世界，变成魔法师。我会玩电脑游戏，会打篮球，十分像女汉子，人们都说女儿是妈妈的贴心小棉袄，那我要说，女汉子就是守护妈妈的防弹衣。

玩未必学习效率就低。本来要花很长时间坐在书桌面前认真写完的作业，我动动脑筋就可以高效率、高质量地完成。上高中之后我倍感幸运，因为小学的时候我玩得尽兴，而上高中之后我就只能过"三点一线"的悲惨生活了。虽然我的成绩不是很好，但是我玩得很好，跟同学们一起出去唱歌唱到很晚，跟好朋友坐在附近的小公园里聊天，晚上偷偷地回家玩电脑，听妈妈的脚步声来判断"逼近"的时间再迅速关掉电脑……我虽然没有像《玩过小学》里那样自己动手折星星来欢迎爸爸回家，没有和同学合资买过什么学习用品，但是我觉得只要用自己的方式玩过了，用自己的方式学到知识，这就够了。谁说玩不可以的？

我认为，人的生命是由原始变为现代并最终再变为原始的。玩是所有人的天性，我希望我能永远保持童心，能够不管遇到什么有趣或者是烦琐的事情都觉得它好玩，都觉得我能"玩"过去，都觉得我能最终克服。

（11岁读的书，15岁写的文章）

妈妈，好好玩，好好玩啊

妈妈

有一部湖南少年儿童出版社出版的图书《玩过小学》曾风行校园。因为作者是只有9岁的小学生，我想她笔下的故事可能和孩子比较接近，能引起她的共鸣，所以我就把这本书买了回来，随手扔给了水一。谁知水一一读便一发不可收拾，学习、上厕所、睡觉都带着这本书，这本书的作者范姜国一与爸爸妈妈和同学们发生的一个个好玩有趣的故事成了我们一家茶余饭后的共同话题。在成长的岁月里，无论是学习还是生活水一总是以一种玩的心态和眼光去对待，苦事变成了乐趣，做枯燥的事情她觉得是游戏。

90后的独生子缺少玩伴，常常一个人玩，水一说她玩耍的最高境界是一个人玩三国杀，最多的时候一个人扮8个角色。小时候她还和好友王天伦玩陀螺，拼航模，玩电脑游戏，为此在小学六年级的时候她还写了玩电脑游戏的体会文章。

她有一句口头禅："妈妈，好好玩，好好玩啊！"

早晨妈妈做了爱心粥：金黄色小米若干，红色花生米若干，红枣若干，黑米若干，白色薏米若干……水一望着这一碗"若干"有些迷惑，到底味道如何？妈妈笑眯眯地说："反正妈妈爱心粥营养多多，含有丰富的A、B、C、D、E等维生素。"水一兴奋地拍手赞道："妈妈，好好玩，好好玩。早餐吃下这么多字母，我吐出来的都是单词了。"

有一天我跟水一的小伙伴王天伦说："你妈妈真会炒股，新买的轿车就是炒股赚的！"坐在一边的水一宝贝不解地问："妈妈，'炒鼓'，是不是把鼓放在锅里炒，炒爆了，'嘭'的一声炸出很多钱？

妈妈这样好好玩,你为什么不炒'鼓'?"她的话还未落音,桌旁的一群朋友都笑歪了,她越发地疑惑了,满脸通红,纳闷地看着我们大笑……

晚上,"啪"的一声,突然停电,房屋瞬间坠入黑暗里,黑暗中一阵清脆的咯咯的笑声传来,只听宝贝快乐地拍手道:"妈妈,停电好好玩,明天还要停电。"熟悉的环境突然切断,梦幻般置身一个陌生的环境,让她在黑暗中十分兴奋:"停电后,黑夜里一切影影绰绰,好像随时都有黑衣人从背后捅你一刀。你瞪大双眼,发出厉声的恐怖尖叫,好好玩啊!"

和水一晒被子,妈妈站一边,她在对面,两人各拉着被子的两角用力一扯,每扯一下,她咯咯笑一声,说:"妈妈,好好玩,好好玩啊!再来一次。"

在孩子的眼里,世界的一切事情都是游戏。爱心早餐粥,炒股,停电,晒被子,都是好玩的游戏,她乐此不疲,在快乐的游戏中消磨大把的时光。正因为好玩,是不是她的世界就显得纯真、轻盈,处处闪耀着简单的乐趣?

在成人的世界里,世界何尝不可以变成一种好玩的游戏?

好玩是一种乐观的人生态度,玩出名堂是一种境界。

爱上阅读爱上写作

忘却了春天的模样

水一

春天是万物复苏的季节，一年的开始，像一个婴儿。

有人在春天里遇见，有人在春天里重生。

春是花的名字，春风拂过花香，轻云一样的花瓣漫天飞舞。

在无数个春雨绵延的日子，我总是挂着耳机，不在乎那春雷是否会击中我，不在乎春雨是否会浇湿我。我只走着，走过铺着落叶的街道，走过咕咕咕叫的有鸽子的公园，走过春意飘洒的城市。

春天的时间很短暂，当闷热的空气来临时，你就知道春的脚步已经走远，迎接你的是另一个季节。

在寒冬的时候，你突然想起翻看这一年的照片。

打开夏天的照片，浮现出来的自己永远是眯着眼睛，不耐烦燥热的天气，汗液随着脸颊滚下来。

打开秋天的照片，眼里总是带着离愁的哀伤，像一碗化不开的浓糖浆。

唯独春天里的自己有如花般灿烂的笑容。

我在这里，忘却了春天的模样。

原来这就是幸福

水一

"怎么了，你累了，说好的，幸福呢……"耳边响起周杰伦温润的声音，我的嘴角不禁画出一条弧线，是啊，什么是幸福？

记得小时候，我得了水痘，爸爸和妈妈给我涂药，细心地照料我，时刻陪伴我。我当时想，原来，有爸爸妈妈对我的关照，就叫作幸福。

离家来到长沙时，想起奶奶站在门口，用她那悲伤地眼神望着我，我的心不禁剧烈地抖动了几下。从小到大我的奶奶最爱我，就这样离开她？我当时想，原来，有奶奶陪伴，就叫作幸福。

2009年6月13日，外公永远闭上了眼睛，我们家受到了打击，特别是我的妈妈。看到我自己生活得如此健康，我当时想，原来，自己健康也是一种幸福。

现在回想起来，自己没有找到幸福这个词语的解释吗？翻开词典，"幸福是指人们在感受外部事物带给内心的愉悦、安详、平和、满足的心理状态。"这就是幸福，多么抽象。

一个大雪纷飞的夜晚，我在老家，和朋友在附近的一个公园散步。

"给我一点钱吧，可怜可怜我吧。"走着走着，地上竟然有乞丐伸出的手。我向来是不喜欢乞丐的，毕竟乞丐是通过一种乞讨方式获得金钱的，自己有手有脚，为什么不去干活呢？

正想走的时候，我的朋友叫住了我："看看吧，这人也挺可怜的。"没办法，我只能停下来。

朋友问我："你带了零钱吗？"我皱了皱眉头："这种人，不要给他钱。"朋友劝说我:"看他一个人躺在这里很可怜,就给一点钱啦。"我掏掏裤子口袋。这个时候,乞丐张开了他的嘴巴:"小朋友,算了。过年了,你们就赶快回家陪你们的爸爸妈妈吧,两个小孩,在外面不安全。"

朋友问道:"叔叔,你有亲人吗?"那个乞丐摇了摇头:"小朋友,你们真是幸福啊。你们有亲人,而我的家,就是大街。"

我的眼睛前面蒙了一层雾,鼻子发起酸来,我终于找到了对幸福的最好诠释。

与亲人在一起,不就是最好的幸福吗?在外面努力地工作,努力地学习,不就是为了亲人吗?不就是为了和他们在一起吗?原来这就是幸福。

躺在草坪上,望着晴空万里的天,我很幸福。

水一阅读书单

《猫武士》　　《猫国物语》　　《父与子》

《旅之绘本》　　《阿衰》　　《草房子》　　《根鸟》

《青铜葵花》　　《女孩的绝佳好书》　　《太太词典》

《散步的鱼》　　《活宝三人组》(1—3)　　《狼王梦》

《红豺》　　《最后一头战象》　　《第七条猎狗》　　《边城》

《玩过小学》　　《妞妞——一个父亲的札记》

12 岁
共读共赏，亲密家人

马尔克斯说："父母是隔在你和死亡之间的一道帘子，把你挡了一下。你最亲密的人会影响你的生死观。"24 年前母亲突然车祸身亡，命运残忍地掀开了那道隔离在我与母亲之间的帘子。水一 10 岁那年，外公患肺癌去世，她真切地领悟到了死亡的疼痛。12 岁时，她阅读了一些关于死亡话题的小说和历史类图书，这让她更深切地怀念起天堂里的外公。

共读，就是和读同一本书的人真正生活在一起。阅读与人生同步，却可以与时间逆行。因为共读，外公又"复活"了；因为共读，我们有了共同的语言和话题，我们成了相亲相爱的一家人。

化作星辰守望你

水一

阿狸哭得很伤心:"那我是不是再也见不到你啦?我不要!"

"不会的,小阿狸。"妈妈抱着阿狸微笑着说,"如果有一天,我不在了,你尽管听不到我的声音,再也看不到我,但是你会感觉到,我在安静地陪伴着你。当你在后花园的时候,我从厨房的窗户里安静地看着你。当你在厨房里的时候,我在卧室里为你打着毛衣。当你在卧室的时候,我在客厅里看着报纸。当你在客厅的时候,我在后花园里整理我的百合花。你看不到我,我却未曾远离过你。我的小阿狸,你要知道,我永远爱着你。"

于是,在那个黄昏,听不太懂的小阿狸有些悲伤和幸福。

《阿狸·梦之城堡》是一本绘本,作者徐翰,听妈妈说是清华大学的高材生。这本绘本画面唯美,词句富有诗意。我每次看都很喜欢。上周回家时,妈妈告诉我,她也看了这本书。我惊讶的是,妈妈说她看得哭了,想起了外公外婆。是啊,我现在相信了,离你而去的亲人,会化作遥远的星辰,观望你的一切。

死亡的忧伤与疼痛

妈妈

小时候，水一很喜欢看唯美的绘本，幽默的漫画。漫画妈妈看不太懂，也不屑看，倒是爸爸和她有共同爱好。有一段时间她常常和爸爸趴在地上读《父与子》，然后两人咯咯大笑。两个人看《旅之绘本》，互相讲着妈妈听不懂的故事。她常常笑话爸爸缺幽默细胞，妈妈看不懂漫画。

初二的时候，她从书店带回一本《阿狸·梦之城堡》，由于喜欢，她每周都拿着本子摘抄上面的句子，有感觉的时候就写评论。读着水一写的书评，我不由得想起了安妮宝贝的一段话："绘本不仅仅属于孩子，也属于成人。对孩子来说，美好的图片与美好的文字，构建起他心中超越现实的王国。孩子心思单纯，相信它是真的。相信，使幻想成为内心的一种基调。即使慢慢长大，童年幻想的光芒褪却，这基调却依旧沉实，在胸口发出热量。这热量，代表爱，代表善，代表勇气，代表正直，代表信念，代表美，代表我们在世间曾经拥有过的但也是最容易被忘却的道理。"

小学四年级时，我介绍了一本周国平《妞妞———一个父亲的札记》的书给她。这本书的插图很美，妞妞像个花仙子睡在书的中央。她一看就爱上了妞妞。水一读这本书的时候表情由欣喜、甜美，变成担心、愁苦，最后到哭泣。她读完这本书后，知道周国平和她的太太雨儿离了婚，便一直不能原谅周国平，说他不应该让雨儿经受这样大的打击。我又告诉他周国平又找到了相爱的妻子，又生了一个女儿，还写了一本《宝贝宝贝》的书，但她由于同情妞妞，同情雨儿，拒绝再看周国平的新书。

第一次，她在书里体验到了离我们很遥远的"死亡"。

2009年6月13日，她亲爱的外公因肺癌去世，10岁的她披着白色孝服，号啕大哭。这一次，她真切地体会到了"死亡"。2012年，12岁的她提笔写下纪念外公的文章，追忆当时的情景。

2012年6月的某晚，我独自翻开《阿狸·梦之城堡》的绘本，读着"当你在厨房里的时候，我在卧室里为你打着毛衣"的字眼，仿佛织衣的针头刺破心尖，一滴滴鲜血，滚落在书页上。视线模糊中，时光倒回到了1992年12月15日的那个上午——阳光下，妈妈正低头编织着毛衣。突然，一辆满载煤球的农用车失去控制，向她辗压过来，56岁的妈妈骤然离开我们。2008年，父亲身患肺癌，我因在异地又总是忙于工作脱不开身，只能每月回去一次，不能服侍父旁。待2009年6月13日最后一见，父亲已是形容枯槁，溘然长逝。

相聚有涯，此别无尽。一股浓浓的思念之情汹涌心头，一气呵成写下一篇纪念父亲的文章。收笔时，抬头仰望：夜凉如水，群星璀璨，有两颗最亮的星挂在天边，好像天堂里的父母向我眨眼睛。

父亲的光辉

妈妈

病床前,父亲看了我最后一眼,流下了最后一滴泪……其实已经是空洞的眼,白茫茫的一片什么也看不清了;其实已经是一副骷髅了,也要最后等待我回家;其实也是不放心他的儿子,要和我做了交代才肯离去;其实当初我应该放下我手上的工作,不顾一切地把他接到长沙来,看看女儿、儿子工作的地方,了却他的一桩心事。我握着他如柴的手浑身颤抖,柔肠寸断,哭倒在父亲的身旁。

子欲养而亲不在的忧伤,是一滴露水般的泪滴,晶莹晃动,滑落在草丛里。雨水打湿了鞋,也模糊了视线,此起彼伏的鞭炮声,空气中红色鞭炮的碎屑四处飘浮……"清明时节雨纷纷,路上行人欲断魂。"一转眼,父亲走了又快一年了,仿佛就是一场悲伤的电影,压缩版的父亲从墓地照片中向我走来,他的面容是那么慈祥,他的步伐是那么矫健。

印象里,童年时,父亲有一个温暖的臂膀,健壮如大力士,他的背是我游戏的舞台。夏天的傍晚,我会在他宽阔的背上玩蚂蚁爬树的游戏。父亲背上有颗硕大的黑痣,那是我小时候扮家家的肉,他的胡子是我戏耍的道具,高兴的时候他常常用胡子扎我,他爱带着我出差,喜欢让我在长途汽车上表演节目,给旅客们解闷助兴。他操着浓重的祁东口音起唱:"大海航行靠舵手……预备唱——"我晃动着小脑袋,唱着"毛泽东思想是不落的太阳"。旅客们的掌声,稚嫩的笑脸,小小歌唱家的美名,荡漾在童年的岁月里。

12 岁

工作上的父亲是一个战神，他的一生充满了昂扬的斗争精神。他干一行爱一行，爱一行精一行。无论在哪个岗位上，哪怕是最平凡最卑微的事情，他都干得很出色。当纺织工人，他可以连续12小时以上穿梭在织布机前；当养路工人，他几十年如一日地把一条路修成标杆路，被评为全省劳模和五好标兵。父亲是乐观的，在最艰难的岁月中，我们一家人的衣食住行都由他和妈妈微薄的工资支撑。白天修路，晚上下河摸鱼捞虾，但他从来没有抱怨过辛苦。

晚年的父亲是孤独的又是坚强的。5个孩子长大了，一个一个小鸟似的从他身边飞走，连最疼爱的儿子也远离父母亲到异乡去漂泊。7个人的大家庭渐次缩了水，变成只有他和母亲了。昔日的喧闹被冷清替代，母亲的突然车祸身亡瞬间摧毁了他的世界。冷清的生活一下跌入了失重的边缘。母亲18岁就嫁给了父亲，他们共同养育了我们5个孩子，相守了38年连一声再见都没来得及说就倒在血泊里断了气。

为了释怀悲伤，他醉酒；为了排遣孤独，他癫狂。一年后，他再婚。举杯邀明月，对影诉相思。十年生死两茫茫，思量再思量，唯有泪千行。他仿佛又回到了20年前，健壮的他是这个家的一切。他常常说："老子讲话，天都是黑的。"每当他讲这话时，孩子们都仰着虔诚的笑脸，无限认真的表情，让他觉得他就是这个家的太阳。他又回到了夏天一个有月亮的晚上，5个孩子绕在他身边，母亲在月亮下给他和子女织着冬天的毛衣，眼睛里泛着娇羞的笑容……这样的画面日复一日地鲜活起来。他后来的女人虽然贤惠能干，但她不是娇小善良的母亲，她不能替代母亲在父亲心目中的位置，她不能抚慰父亲心中的疼痛。10年后父亲离了婚。

后面的日子，唯一的伴侣就是酒了。他拒绝和我们子女住在一起，他常常说的一句话就是，"不能给子女添麻烦。你们要好好工作，老子强壮得很，拉的屎比牛屎还大"。但他又十分思念儿女。喝醉酒的时候，他就爱打电话，命令我们赶快回家。等我们赶回家了，他酒醒了，又抱歉地笑笑说："快回去，老子没事，好好工作。"

晚年的父亲喜欢热闹，他喜欢把鞭炮放得啪啪响。过年的时候，我们都回家是他最高兴的时候。儿女们回来一个他放一次鞭炮，吓得小外孙们一个个掩着耳朵，而他在一旁像个孩子似的哈哈大笑。有时候他又孩子似的淘气，半夜把电视开到最大的声音，吵得邻居们向子女们告状。子女们一回来，他又马上做检讨："我错了，下次不敢了。这不是一个老党员干的事。"就是在最后与病魔做斗争的日子里，他不能说话了，看见我们儿女在身边还在顽强地练气功给我们看……

在悲伤里，他变得比孩子还脆弱；在酒醉里，他变得比莽汉还无理；在孤独里，他制造喧哗和热闹填补无边的寂寞；在病痛的折磨里，他用全身的力量去抗争病魔。连续一个月滴水未进，他从来没叫过疼痛，哪怕只有一息尚存，也绝不向癌症低头。从一个丰满的身躯到一个骷髅般的原形，他在用斗争精神向我们诠释：不抛弃，不放弃，热爱生活，永不言败。

一阵风来，花香中带来了天国里父亲的问候。父亲，您可知道，在人生的另一个尽头，您的儿女们思念您，您是我们永远的父亲。假若有来生，让我们还做您的儿女！父亲，过去您是我们的天，如今，在天堂里您给我们太阳的光辉，给我们前行的力量。

让雷锋精神血脉相传

水一

雷锋，一个平凡而又伟大的名字。

他身高只有 1.54 米，却成了几百万人民解放军的排头兵。他体重不足 50 公斤，却像一块巨石，激起我们心灵深处的浪花。

雷锋虽然离开我们 50 年了，但雷锋精神一直没有离开我们。雷锋精神就像那神奇的种子撒播在神州大地，撒播在亿万中国人的心里。

我是听着雷锋的故事长大的，也是听着我外公的故事长大的。我的外公，他是一个最普通的人，他以雷锋为榜样，真心实意地学习雷锋精神，在工作中做出了不平凡的成绩，曾经被湖南省交通厅授予学雷锋"五好标兵"的光荣称号。

外公生在旧社会，他比雷锋年长 10 岁，但和雷锋的命运极为相似。外公 4 岁时死父亲，10 岁时死母亲，从小就在地主家做童工，吃不饱、穿不暖，受尽了地主的欺凌，饱尝了人间的疾苦。是共产党，是新中国让外公获得了解放和做人的尊严。

外公总是发自内心地说翻身不忘共产党、幸福不忘毛主席，更是以实际行动回报社会。他干一行爱一行，爱一行精一行。无论在哪个岗位上，哪怕是最平凡最卑微的事情他都干得很出色。他当过纺织工人，也当过养路工人，他曾几十年如一日地把一条山区公路修成全省的标杆路。

外公把帮助他人当作自己最快乐的事情。山区公路容易发生交通事故和车辆抛锚,每当发生交通事故或司机遇到困难时,外公总是第一个赶到现场,不仅抢救伤员,协助司机排除困难,而且还为司机和旅客送饭送茶。外公所在的棕树坳养路工班,被过路司机称为最温暖的家。

外公把养路作为生命的全部。有一次山里突发洪水,公路的涵洞被石头和杂物堵塞,如果不及时疏通涵洞,公路就会被洪水冲垮。紧急关头,外公冒着生命危险,跳进滚滚洪流去疏通涵洞。最后涵洞疏通了,洪水也把我外公冲进了几十米长的涵洞,他被石头和杂物砸得遍体鳞伤,手脚骨折,昏了过去。

外公的女儿,也就是我的妈妈,她继承了外公的精神,也就是雷锋的精神。她1990年大学毕业后,分配到书店工作。20多年来,在妈妈眼里,没有节假日一说,也没有白天黑夜之分,一切以工作为重,事事以工作为先,废寝忘食,带病工作对她来说是家常便饭。她不但从未抱怨,甚至还开玩笑地称这种工作模式是"五加二"与"白加黑"。

从基层的仓库保管员、门市部营业员、业务进货员,到业务科长、办公室主任,到单位的副总,无论在哪个岗位,妈妈都以坚韧的战斗精神攻克前进中的"堡垒",像一名先锋战士,以蓬勃的朝气和创新精神开拓进取。20多年来,妈妈曾多次被评为全省系统的"先进工作者"。

我为我的外公和妈妈自豪,因为他们身上流淌着雷锋精神的血液。作为妈妈的女儿,我的身上流着外公的血脉、妈妈的血脉,这种血脉不仅仅是生命意义上的,更是精神上的。这种精神的血脉就是雷锋的精神。

"如果你是一滴水,你是否滋润了一寸土地?如果你是一线阳光,你是否照亮了一分黑暗?如果你是一颗粮食,你是否抚育了有用的生命?如果你是一颗最小的螺丝钉,你是否永远守在你生活的岗位上?"

面对雷锋叔叔对灵魂的叩问,我想我有了自己的答案。作为21世纪的主人,我们要让雷锋精神血脉相传。我愿做一滴水,滋润干涸的土地;愿做一缕阳光,温暖他人;愿做一颗永不生锈的螺丝钉,造福社会!

伟大孕育平凡　细微彰显精神

妈妈

"如果你是一滴水,你是否滋润了一寸土地?如果你是一线阳光,你是否照亮了一分黑暗……"重读雷锋日记,我的目光被一种细微深深吸引。

一滴水、一线阳光、一颗粮食、一颗最小的螺丝钉,这些都是不起眼的东西,但是在雷锋的哲学观里,只要有一颗热爱生活、热爱工作的心,在每一处平凡的褶皱里都藏着珍贵。新华书店作为党的一个思想文化宣传阵地,作为传播马列主义毛泽东思想和科学文化知识的一个服务窗口,我们的工作就是平凡的、琐碎的、日复一日的,甚至是简单枯燥的。

作为营业员,你是否熟悉所管辖的书架上的书?你是否了解上万种书籍的内容、定价、版次、到货情况、陈列位置、销售情况?你是否了解当地的图书市场的竞争情况、构成情况、读者群的情况?作为门市部收银员,你是否能以最快的速度完成收款工作?作为门市部主任,你是否能带领你的团队出色地完成任务?你的部门是否能为读者提供最满意的服务?作为物流人员,你是否能以最快的速度为新书上架,将滞销书下架退货?作为教材教辅的发行员,你是否对待老师和学生家长像春天般的温暖?作为后勤的同志,你是否想到如何为单位节约好一滴水、一度电?面对这些提问,我们每个岗位的同志都有自己的回答,我在雷锋身上找到了最佳的答案。

是雷锋让我知道平凡可以创造奇迹,伟大其实就在我身边。我的父亲是一个最普通的人，他以雷锋为榜样，真心实意学习雷锋精神，他干一行爱一行、爱一行精一行。无论在哪个岗位上，哪怕是最平凡最卑微的事情他都干得很出色，曾经被湖南省交通厅授予学雷锋"五好标兵"的光荣称号。

父亲的这种干一行爱一行、爱一行精一行的敬业精神在我的记忆深处打下了深刻的烙印，也成为我职业生涯的精神坐标。

谁说营业员的工作平凡？当你把服务读者的技能做到精湛的时候，你就在平凡的工作中创造了伟大。你的工作就是你展现本领的人生大舞台，你的精湛的服务技能就是你实现人生价值，赢得读者和社会尊重的最重量级的砝码！

一滴水可以映射太阳的光辉，一棵小草可以绿化坚实的土地。积小善成大德，累平凡而崇高。像雷锋一样用夏天般火热的激情对待工作，用小小螺丝钉精神立足本职岗位，用钉子精神钻研业务，再平凡的人生都会闪闪发亮，最平凡的工作也会成就其伟大！

那些朝代的事儿

水一

明朝,是我们众所周知的较长命的一个朝代,这段历史讲述了600年前那段波澜壮阔的元末农民起义,直到276年后历史完结的那一天。

历史本来是精彩的,每一个人物都是活的。就拿明朝来说,朱元璋的超强勇气、朱棣的牛逼统治、方孝孺的浑身正气、蓝玉的骄横霸蛮,都让人印象深刻。明朝的前期和中期,无数英雄从里面出来。郑和这个七下西洋的人是明朝的,那个九战九捷、大败倭寇的戚继光也是明朝的……

我对明朝有生动的了解是我在看《明朝那些事儿》之后产生的。明朝的各个地方都吸引着我,明朝是一个充满着活力的朝代,有如此多好玩的事情。有时我觉得自己生在明朝应该是一件好玩的事情。

除了明朝,还让我觉得有一点兴趣的是宋朝。虽然这个时代政治和军事实在是让我们大跌眼镜,但是假如我们来看宋朝时期的文化,就会发现,宋朝有很多诗人横空而出。

澶渊之盟给我的印象不好,一个堂堂的国家,选择懦弱地退出战斗,却增加老百姓的负担。因为这个时候正是文官当朝,他们不会打仗,都是纸上谈兵的一群人。

余秋雨曾说过:"唐代文化像一道壮丽的瀑布,而宋代文化则是承接这个瀑布的深潭。一切艺术门类到了宋代都臻于极致,就连被唐代写尽了的诗也在宋代延续出了陆游这样的高峰。"我相信现在的人不能否认宋朝那个时候的发达,毕竟中国四大发明有三项就在宋朝出现。

宋朝,仅仅是这一点,就已经让我由看不起变成钦佩了。

除了宋朝、明朝,还有一个朝代,要我回顾一下的,就是唐朝。

唐朝是中国最强盛、最繁荣、最值得我们拿出来说的一段历史,它展现了中国那时的民族开明与开放自信。唐太宗,"贞观之治"。武则天,中国历史上第一位以及唯一的女皇帝,"政启开元,治宏贞观"。唐玄宗,"开元盛世"。

中国的朝代,要细说,可能说上那么几年、几十年都说不完,但是中华民族的文化,并不仅仅只是说说好玩的,它包含着中华民族上下五千年的智慧结晶。

历史,并不只是一些枯燥无味的东西,有的时候,它见证着很多事情,也见证着一个民族的成长。

史上最大的乌龙事

妈妈

前不久和一群人在餐桌上聊2013年长沙人最喜欢的十本书，席间聊到了当年明月的《明朝那些事儿》。晚报的记者说她的孩子很喜欢看这套书，是这套书的骨灰级发烧友，并由此爱上了历史。我在一边也像找到知音一样开心，因为我们家水一也超级爱看这套书。在孩子的影响下，妈妈也爱上了当年明月的笔锋和陈述故事的方法。

历史在司马迁的笔下是正史，是正襟危坐的皇皇巨著，在黄仁宇的笔下是散文范式，在当年明月的笔下是休闲式的便装，诙谐幽默充满智慧。90后的宝贝拿着厚厚的《明朝那些事儿》边读边笑边问："妈妈，你猜朱元璋是什么星座的？"看到悲壮苍凉之处她会默默垂泪，深深叹息。记得那时候她还是小学六年级的学生。初一的时候学中国史，她就提笔写了一篇《那些朝代的事儿》的文章。

席间，我把宝贝的这篇文章发给了那位记者，可能她觉得好，就在2013年4月25日《长沙晚报》B4版刊登了出来。有意思的是，不知道哪个环节出了差错，作者居然变成了妈妈的名字。哈哈，宝贝发表在党报上的处女作就这样被妈妈"剽窃"了，这个事件应该是我们家史上最大的乌龙事件了。事后，爸爸第一时间表示叹息，宝贝知道了也是一脸的遗憾，妈妈更是吐了吐舌头，感觉愧对宝贝。

生活就是这样，总给我们意外的惊喜。如果有一天，水一成为大作家，当她回首往事，说起她的处女作的时候，这难道不是一个最鲜活的乌龙案例吗？

爱上阅读爱上写作

秋天的思念

水一

满地的枯叶在地上无力地呻吟,我踏过它们的时候,听到沙沙的响声。推开一扇门,年久失修的破房屋里传来阴冷与潮湿的气息,腐臭味扑面而来。

我恍然大梦初醒,3年前这里还不是这样的。3年前屋子里的那个老人——我的外公还好端端地生活着呢。

我的外婆过世得早,外公受封建思想的影响有点重男轻女,四个女儿一个儿子,他只溺爱儿子。但不知道为什么,外公却特别喜欢我。我出生的时候正是秋天,爸爸妈妈都不大会照顾我,外公挺身而出,他用那双带有粗茧的手帮我换尿布,用奶瓶喂奶……

等再长大一点,我经常去外公家"混吃混喝",外公看到我,总是笑眯眯地抱我到他的肩上,我也乐在其中。

外公家的门口有一片菜地,菜地旁边有一个小酒窖。秋天,菜园里种满了辣椒、白菜,还有我叫不出名字的蔬菜。我在地里飞快地奔跑,虽然是秋天,我却感到生气勃勃,金色的叶子下承载的秘密都是果实。我会摘几个红透了的西红柿,一口咬下去,水滴滴的果汁浸润整个口腔。外公朝他的邻居指指我:"这是我的外孙女。"浓重的祁东口音透出豪放的味道。

那时秋天的思念是思念果实的甜蜜。

6岁那年,我的表哥贪玩淘气,把我锁在外公酿酒的小屋里。正值秋天,小麦发酵的味道以及酒里面泡着的桂圆、枸杞散发出浓郁的芳香。我掀开一坛,用手蘸了几滴,好甜,喝了几口,便醉得不省人事,迷迷糊糊睡在酒窖。最后还是外公找了半天,才把我从里面抱出来。

那时秋天的思念居然成了对美酒的思念。

又过了几年,我10岁那年的秋天,传来了不幸的消息,外公得了晚期肺癌。我怔住了,还以为是自己听错了。窗外,暗黄的叶子叹息一声,飘落在地上,一阵秋风吹来,我不禁打了一个冷战。外公的生命就快要走到尽头了吗?会像落叶一样飘逝吗?

外公去世的那天,妈妈的钥匙在门锁里断成了两截。我们急忙赶到医院,看着医院抢救显示器的图像由曲线慢慢变成了一条直线,但他最后的表情是笑着的。我明白他是不想让我们难过,悲伤的我禁不住号啕大哭起来。

3年之后,我又回到了熟悉的地方,秋风瑟瑟,我缩了缩身子,鼻子一酸,险些掉出眼泪来。

菜园里的菜早就被风卷得不知去向了,残叶也不见了。

外公从病重之后就没有再整理过菜园。酒屋里的酒坛也没有完整的,零零碎碎地散落着。外公病重后几乎没有碰过酒。

年复一年,在天堂里,外公过得可好?是否收到了,我在秋天里浓浓的思念?

外公，天堂里你可安好？

水一

我是在不经意翻日历表的时候，翻到这个日子。

6月13日。

假如没记错的话，3年前的今天，就是我最伤心的时刻。

其实我不大想记得太清，因为一想起来我就会止不住地掉眼泪。

我还记得那几天，知道外公病危的事情后，我就从长沙回了永州。本以为我能控制好自己的，但是我往床上面一望，就泣不成声了。

我是最后一次见到外公了。

他的脸一直在我的瞳孔里放大，放大，再放大。外公已经瘦到一定程度，不能再瘦了。我不敢想象吃不下饭的外公，到底是怎么活下来的。

妈妈说外公是骑着自行车在路上昏过去的，被路人送到医院里面，然后检查出来是肺癌。

我的声音还没有发出来，我的眼泪已经像断了的线一样流下了。

"外公没事的，多吃点饭，打点针，病就好了。"我断断续续地说。

我们都知道结局了，只是往好的方向想会好受一点。外公听到我的话，很乖地点了头，他还是能听见的。

外公很信我的话，也许他已经知道自己快不行了，但是，他还是点点头，像接受了一个任务一样。

这只是回来的第一趟。外公的身体一天一天衰弱下去。

直到有一天,妈妈回来开门的时候,钥匙断在里面取不出来。这个时候我才知道,这个世界上是有"命"这个东西的。

那天晚上我一直躺在床上睡不着,也确实,离6月13日的时间不长了。

过了几天,妈妈把我带回永州,我在车上睡着了,恍恍惚惚地听到妈妈打电话给陈老师。

"我的父亲好像快不行了,我带着水一回去看一下。"

我就知道回去那一趟会经历什么了。我是在永州的家里睡觉的,那天晚上一直是睡不着。

我和表弟睡不着觉。

海外不知情的表哥也睡不着觉。

爸爸更睡不着觉。

第二天,早上是被一个电话吵醒的,是爸爸打来的:"外公昨天晚上过世了,你们快来零陵吧。"

我什么话都说不出来,全都被哽在喉咙里面。

去外公的那个院子里,我几乎是跑着去的,跑得摇摇晃晃。

然后我就看见一具很大的黑色的箱子。和一个灰白色的大头照。原来外公真的离开我们了,他装上翅膀,飞向了天堂。

我是第一次穿上白色的纱衣,我跪在垫子上,迎接外公的朋友们,我妈妈的朋友们……

吃饭的时候,我一直没说话。看着外公的灰白色的头像,我捂住嘴巴,很难接受。看着外公在照片里面微笑的样子,我又哭了起来,外公他真的就这么走了。

我从来没有想过外公真的走了会是什么样子的。

外公的身子已经被缩小到一个骨灰盒里面了,我看见它,心里一阵心酸。

我感觉，外公一直在呼吸，他在我心中，还活着。

……

3年了，外公，你还好吧，应该过得比在我们的世界里面更加快乐吧。

下辈子，我们还会再碰见的。

那个时候，你还是我的外公吧。

外公，是不是啊？

多希望可以再次回到以前，我们在夜晚的星空底下，坐在外公家门口乘凉啊，边吹着风，边听外公说他多么多么了不起。

可现在呢？我只有翻起照片才想得起来那个时候的场景。

人是不是只有失去了，才会懂得珍惜呢？

有的时候，我翻照片，会这样想。

又想到外公了。

于是，我又哭了。

水一阅读书单

《阿狸·梦之城堡》　　《明朝那些事儿》（1—7）

《万历十五年》　　《史记故事》　　《相约星期二》

《此生未完成》　　《雷锋日记》　　《生命最后的读书会》

《骆驼祥子》　　《春水·繁星》　　《新月集》

《飞鸟集》　　《傅雷家书》　　《致青春》

《我在回忆里等你》　　《山月不知道心底事》

《许我向你看》(上·下)　　《西决》　　《告别天堂》

《东霓》　《陪安东尼度过漫长岁月》

《年华是一封无效信》　　《斗罗大陆》

《龙族》　　《哑舍》

13 岁
诗歌栖息于心灵枝头

水一很小的时候,爸爸就给她注入诗歌的文脉,2 岁开始读儿歌,3 岁读唐诗。她从小打下的童子功,到 13 岁的时候好像有个爆发期。那段时间她阅读了爸爸给她推荐的王国维的《人间词话》后,突然对诗词很有感觉,找来大量的诗歌来阅读。读纳兰容若、读仓央嘉措、读聂鲁达、读辛波斯卡……不仅读诗抄诗,偶尔诗兴大发,也会和妈妈一起提笔写下动人的诗句。星月之下,妈妈写了诗评《春江花月夜》,她用"暮江平不动,春花满正开,流月将波去,潮水带星来"做评语。我们沉浸于诗词的世界中,恰似青春时刻遇见知音,喝茶品鉴,肝胆相照。睫毛是颤抖的灵魂,微笑是诗意在脸上吻过的印痕——13 岁少女动人的诗情,果然没有辜负她成长的杏花春雨。

席慕蓉的诗歌

水一

虽然还有很多想抄的内容，但每新抄一首就因为页码上写的那样美的诗而倾心，不得已只好停下来。

小时候因妈妈一直念叨席慕蓉，经常从妈妈那里听到她的那句"如何让你遇见我，在我最美丽的时刻"，诗的标题是"一棵开花的树"。我原以为她只有这篇好诗，但是在做语文卷子的时候总是碰到她的散文赏析题，因此她的名字我反而更有印象。

终于，我翻开了她的诗集。对于这样一个翻书动作，我认为是幸运的。要是当时没有因无聊而找书看的举动，我真正认识她的诗歌可能还要很久。

诗人是什么？就是有着与你一样对世界的感叹，但是只用简单的几句话便可以表达出你用一页纸才能写出的细腻感情。

席慕蓉的文字像是可以站起来一样，把你拉进她想象的空间，你可以在其中任意地游荡。她的所见精彩纷呈地展露在你的眼前，是陌生，更多的则是熟悉。你能从她的文字里感受到土地的呼吸、小草的舒展、微风的轻抚。

那么多人说，现代诗比不上古诗，也许他们在看到席慕蓉的诗后，会改变这个认识。

若雨若风若光
水一

临江仙·寒柳
[清] 纳兰性德

飞絮飞花何处是，层冰积雪摧残，疏疏一树五更寒。爱他明月好，憔悴也相关。

最是繁丝摇落后，转教人忆春山。湔裙梦断续应难。西风多少恨，吹不散眉弯。

你出生时有一场洁白大雪飞落在那十二月绽放的蜡梅上。

你因为家庭的原因习武，早早了解到朝廷的变化多端与险恶。

你用脚在方圆数米的地方画了一个圆，别人进不来，你也出不去。

你饱读诗书，对酒当歌，酒入愁肠又化作淡淡的忧伤被一阵清风带走。

你天性孤傲不羁的眼神里含着淡然，没有应该有的野心，只想抚琴写诗。

别人都叫你纳兰性德。

而我却喜欢纳兰容若。

我想，在大家都进入梦中之后，你起身孤零零地站在床前时，一定需要别人陪在你身边吧。

我想，夕阳西下的那瞬间，你闭目在庭院中散步，享受这无与伦比的体验时，一定需要倾吐心声吧。

我想，你在看着自己心爱的人逝去的那个白雪的日子里，一定需要被带领出这个无光的世界吧。

你的妻子远去之后，你发现再没有人可以懂你。

你被隔离在那座坟墓外，隔离在人世烟火外。

之后你又认识了一个青楼女子，她是你的狂热崇拜者。

她懂你，懂你"人生若只如初见，何事秋风悲画扇"的惆怅万分。

懂你"赌书消得泼茶香，当时只道是寻常"的不念时事。

懂你"泪雨零零终不怨"的相思。

更懂你"我是人间惆怅客"的悲哀。

可是你逐渐发现她终究与你相距千里。

你还是一个人走向了未来。

你的素雅的身形还是消失在了我的视线之外。

难道我不够懂你，所以才追不上你的步伐？我感到疑惑，想翻开诗集，却发现这是错的。"谁念西风独自凉，萧萧黄叶闭疏窗。"

我又看到你。

你散步的脚步，有随性甩着扇子的手在不停舞动。

你吟出那一句诗时万籁俱寂。

可能这才是诗人的真。

走出了浮世浮城。

我跑起来，想要更进一步地懂你。

我隔着历史的屏障朝你笑笑。

西方有风吹来，上方有黄叶落下。

纳兰容若，若雨若风若光。

我想，纳兰容若我懂你。

这一夜的雪

水一

长相思·山一程

（清）纳兰性德

山一程，水一程，身向榆关那畔行，夜深千帐灯。

风一更，雪一更，聒碎乡心梦不成，故园无此声。

行军竟是如此艰难的！身体不是很好的我，只能是这样想。

走在军队的中央，听着这整齐的脚步声和不时会喊出来的口号，本应该是豪情万丈的场景，我却没有在此时此刻从心中释放出应该有的气势。也许是我生来就与别人不一样。在这个瞬间，我所有的感情竟是悲伤。

我们翻过山丘，摇摇欲坠的枯木像对我们张开怀抱那样肆意延展着枝条，低飞的鸟群偶尔会发出叫喊，高峻的岩石一次又一次挡住我们的去路。我们越过河流，冰冷刺骨的水在我的身边哗哗流过，就连声音也一样冰冷刺骨。在经历了如此艰辛的路途之后，即使有人受伤，有人被落下，可我也知道，我们还将继续向山海关行进，直到所有人确保我们脚下的这片土地，这片土地上的人民、财富、辉煌都是属于我们的。

一天的旅途很快便结束，边塞的夜是不同的。行军的人搭好了帐篷点起了灯，在远处看来，这里的热闹不输于一个小村庄，但很快下起来的雪花马上淹没了这温暖的景象。

我只好和其他人一样躲进帐篷，光听见声音就能知道风刮得很大，我凭借着细小的光在帐篷里略微透亮的口子里看到了外面的风雪，这是鹅毛大雪，像是被人从天上倾倒下来的雪。

我的故乡也有雪，家中庭院的梅花点缀着缓缓落下的晶莹的雪花，我的生命都与雪有关。

我可以想象我在寒冬出生的样子。虽然我未曾真的见过，但我见过我的孩子在雪地里出生，这新的生命唤起了我对这世界的热爱。雪，我的妻子也死在雪中。这一夜的雪让我回想我的一生，让我想起我的故乡，那些人那些事都很温柔。

诗曲相契　此情可待

妈妈

"春江潮水连海平，海上明月共潮生。滟滟随波千万里，何处春江无月明……"一千年前，唐代诗人张若虚写下了《春江花月夜》。五十多年前，著名音乐家彭修文又将该诗改编为民族管弦乐曲广为流传。当花朵遇见春天，当明月朗照春水，当王子遇见公主，《春江花月夜》的诗句是否会在他们唇间吟唱？

很喜欢这首诗，看了就喜欢，因为诗里有"春花"二字。原以为我的名字是很俗气的字眼，读了这首诗后就觉得大俗之中有大雅。本来是宫体浮艳诗，被张若虚一写，江畔的夜景就清丽出尘、美不胜收了。该诗语言清新优美，旋律婉转悠扬，意境如梦似幻，被誉为"孤篇盖全唐的杰作"，闻一多评价"这是诗中之诗，顶峰上的顶峰"。

记得第一次去海南正值春天，到三亚时已经是晚上八点，入住一家五星级酒店。一下车，映入眼帘的是一轮硕大的明月，从海面上徐徐升起，耳边卷起千堆雪的浪潮声，空气里有雨点似的浪花飘落，鼻翼间漂浮着花草的芬香，月亮离我这样近，这样低低的，仿佛随手一抓就是一把月光，很典型的海上"春江花夜月"的景致。

月光、沙滩、海浪、恋人，沙滩上的足尖舞。海边的夜是沸腾的，间或还有像我这样第一次来到海边的尖叫，但这种沸腾渐渐地就会被这里的月色和大海给过滤掉。于是你的压抑被释放，你的心灵被净化。当迎面吹拂的海风轻抚着你的面庞时，你就会在海边轻轻吟唱：江天一色无纤尘，皎皎空中孤轮月。你不由得还会问这样的问题：难道海边第一次看见月亮的人都会像我这样？但是这样的月色已经轮回了几千年，有谁知道它是怎样照着第一次来到这海边，欣赏这美妙月色的人的呢?

春—江—花—月—夜。有季节,有地点,有景物,有风月。多少年了,关于爱恋的故事反复上演。今夜,滟滟波光里,请听她用琴弦给你诉说故事。

夫君,还记得春天那个有月亮的晚上吗?还记得在绿如蓝的春江畔,在红似火的春花丛中,在银汉无声的皓月之下,你对我许下的"执子之手,与子偕老"的誓言吗?星月为证,江水为盟,从今夜起,你我开始了在天愿做比翼鸟,在地愿做连理枝的夫妻生活。岂料好景不长,不到半年,你就卷入了一场战争。你出征时的那个夜晚,残月挂在天边,你身披铠甲,消失在浩荡的人群中。从此,你我天各一方。

和你相守的日子是这样短,你走后的日子又这样长。一天又一天,炊烟升起来了,孩子起床了,太阳照在山冈上了;天黑了,掌灯时分,鸡禽又要归笼了。夫君,你在回家的路上了吗?青枫浦上愁,明月楼上思,卷起珠帘月还在,捣衣的砧上还留有你的气味……又到了阳春三月,门前的柳树又抽绿了,你当年亲手栽种的桃花也开了。夫君,你在回家的路上了吗?

碣石、潇湘,山长水阔也阻断不了我对你的思念。夫君,你在回家的路上了吗?琴弦上急促的旋律,正像女主人不断反复的诘问。琴音雨点般坠落,打到江心里,没入波涛中。琴弦之外她仿佛听到了他的应答:也许,明天就回来了。

是吗,夫君,明天你真的就回来了吗?皎皎明月挂树梢,绵绵琴声荡水央,对你的思念如丝如缕,如水中树的倒影,摇曳缠绵。今夜,花开满树,清辉朗照。

诗人之殇　斯人例外

水一

众多职业中，我最不想也最不敢当的是诗人。没错，我宁愿成天在工地上做个搬砖的人，也不想当诗人。不仅是因为我没有那一份才华，还因为我没有那一份足够支撑我才华的心智。放眼望去，近现代的中外诗人——

著名诗人顾城手提斧头，在家中若无其事地杀掉了自己的妻子，随后选择了自杀。

拥有流浪灵魂的海子，在生命的最后一刻，手里拿着梭罗的《瓦尔登湖》，顷刻之间被一列飞驰的火车压碎了身躯。

俄罗斯著名诗人茨维塔耶娃的生活能力十分低下。生儿子时，医生在她房间里居然找不到一条干净的毛巾或一块肥皂。小女儿伊莲娜，因照顾不周饿死在福利院。她的一生颠沛流离，常常挣扎在饥饿贫困的边缘。申请当一个食堂的洗碗工被拒绝后，"她把头伸进了绳索，就像埋到了枕头里"，她说，"我不想死，我想消失"。

没有人知道他们临死之前对自己的所作所为有何感想，可能顾城在自家院子里的树下歇息时后悔自己的冲动，可能海子在仰卧凝视那微亮的天空时有过想活的希望。

一般天才都是疯子，当我看到北岛的作品时，不禁想问："他还活着吗？"

在略微翻过他的诗集之后，我选择了他的一本散文集《蓝房子》。他在这部书里写了很多美国人，个个都活灵活现，以至于我怀疑这描写究竟是纪实还是创造。

我熟悉艾伦·金斯堡，在杂志上读过他的诗。他是一个男同性恋，也是一个著名的疯子诗人。我已经想到他大概是一个怎样的打扮，蓄着大胡子，留起不短的头发，口音带着浓烈的地域气息。北岛与他的关系十分好，他钦佩这个叫艾伦·金斯堡的人，称他是挚友。这种关系让人惊讶，原来北岛是一个精通多门外语的诗人，我第一次见到他这样的诗人。

北岛曾说："作品和诗人，孩子和父亲这是两个不能逾越的界限。"北岛坦言自己不是一个好诗人，但在我看来他却是诗人中的独特类别。他没有疯癫的气质，大部分时间在异国行走，寻找自己的生命价值。他还是个可靠的父亲，为了让自己的儿子兜兜从小享受诗歌之美，他花了三年功夫，按照音乐性、可感性、经典性亲自编选了中外诗歌101首，出版了《给孩子的诗》。

他第一次打破了我所认为的"诗人就是疯子"的观点。他说诗歌是忧郁的媒体，而诗人的使命是孤独的。于是他写下了这样的诗句："镜中永远是此刻，此刻通向重生之门，那门开向大海，时间的玫瑰。"正因为他看透人生，所以他活得更像是一个清逸的隐士。

马尔克斯经常会梦见自己的葬礼，博尔赫斯说他渴望自己的死亡。《哈利·波特》里邓布利多教授曾神秘地告诉过哈利，对于那些头脑十分清醒的人，死亡不过是另一场伟大的冒险。

那要是这样，我还是宁愿自己是个平凡的人，而不是一个孤独的天才，当然，若是可以成为北岛，我也是很开心的。

谁的心里没有堂吉诃德

水一

　　这本书是妈妈想让我认识杨绛而推荐给我的，没有想到当时我一翻阅就停不下来，被里面无数自欺欺人却又碰巧歪打正着的事逗得直不起腰来。

　　谁的心里没有堂吉诃德？

　　幻想自己是英雄的心情大家都经历过，而且不止一两次。

　　我只要听比较激情澎湃的歌曲，就会引发这种"中二病"。

　　小学四年级时爱看《哈利·波特》，有一天操场上正在升旗，我就幻想着摄魂怪携着恐怖的冷气袭来，同学们惊慌失措，唯独我一个人拔出魔杖，大喊一声："呼神护卫！"咒语赶跑了摄魂怪，同学们把我当作英雄举起……

　　我喜欢中世纪的景色，坐在长途车里我总是思绪漂浮，仿佛置身于中世纪的场景中：穿着洋裙的名流们，把跳动的舞姿插入古典音乐里，煤气灯下朦胧的光影，蒸汽火车冒着白气呼啸而过，路旁阴森的建筑让晚归的人缩起脖子。我更喜欢玩中世纪背景的游戏。《刺客信条》游戏的主角们穿梭在不同的国家，文艺复兴的意大利，自由战争中的美国，大革命时期的法国……游戏里的历史事件更是满足了我幻想成为那个时代人的愿望。

　　我小时候常常和父母看这种奇幻作品，养成了天马行空的跳跃思维，应该……不算奇怪。我和堂吉诃德的区别在于，我只在大脑里妙想，在游戏里发泄，而不在现实中实战，所以没有像他一样处处碰壁，闹出诸多笑话来。

哀麻木不仁

水一

二月的天空，漂浮着各种各样的风筝，透过焦黑的枯枝，飞过的风筝留下一道痕迹，而我静静地站在未融化的雪上。

——题记

半个学期的初中语文学习，让我更懂得语文的奥秘，更了解其中的玄机。马上就要放学了，我们的语文老师罗老师冲进来，说明天要上公开课《风筝》，请我们提前做好预习。班上顿时炸开了锅，"什么？明天要上公开课""我没准备呢"……

我有一个习惯，不管发多少本书，我第一本翻开的就是语文书。《风筝》这篇文章不知是算一篇记叙文，还是算一篇写景文。我是很爱看故事的，虽然《风筝》里头讲了一个故事，可是我总觉得这篇文章里还隐含着什么。

老师在课堂上告诉我们，鲁迅写这篇文章是为了抒发他内心的情感：对国民的麻木不仁的悲哀。

是啊！我意识到，这篇文章的重点不在于他对他弟弟精神上的虐杀，而在于他对国人的失望。鲁迅生活在一个动荡的年代，他原本想当一个医生，最后弃医从文，以文医人、医国。

每年的12月13日，是纪念南京大屠杀的日子。寒假的时候，妈妈带我去了一趟南京。新中国为了不忘记当年的国耻，纪念死难同胞，建造了一座南京大屠杀纪念馆。

本来开心的我，踏入这座纪念馆的第一个感觉就是凝重。里面虽然开着暖气，但我还是感觉到寒风凛凛。南京大屠杀纪念馆专门做了一个名为"万人骨"的大坑，里面的累累白骨，看得我打了个寒战。

南京大屠杀中，我们很多同胞都在这场劫难中死去，两个星期，泯灭人性的日本军居然杀死了 30 多万人，平均每 12 秒钟中就有一个中国人惨死于日本人的刀刃下。

正为我们的心被吓到颤抖的时候，我不经意瞥到一男一女，他们一人左耳一个耳机，一人右耳一个耳机，笑嘻嘻，边吃着手上的零食，边用讥讽的眼神看着这里摆设的物品。

男的先开口说话："中国真是一个没有用的国家，连小小的日本都挡不住。"

那个女人笑了，他们俩谈笑风生地离开了我们的视线。一位老人皱起眉头，叹了口气。

不知道为什么，那声叹气就像一块石头，在以后的生活里压住了我的心房。

鲁迅写下这篇文章，是想写出他的无奈，饱含着鲁迅的呐喊："中国的子民们！快苏醒过来吧！"

入冬的 11 月，湘江边，一个风筝断了线，滑落下来。我望着阴沉的天空，忧伤不禁也在心尖划过，堕着，堕着。

奋进，强者的乐曲

水一

凤凰要经历涅槃才能骄傲地展开它的翅膀，雄鹰要啄断自己的喙才能重归天空。

人生里总有上天对你考验，或许艰难，亦或许简单。只要能够战胜，能够成功，生命就可以绽放耀眼的光彩。

父亲的儿时经历是现在发生在我身上的所有事都比不上的。

因为生在农村，听爸爸讲故事的时候总是提到冬天天还没亮就起来打猪草。

"一脚踩进田里就被冻醒了。"这是爸爸告诉我的。

爸爸背着一个破烂的竹筐，赤着发红的脚，穿过了田埂，冷了就把脚插进温热的牛屎里取取暖……

家里很穷，没有钱供爸爸上学，爸爸就自己去捡废品卖，卖来的钱积攒到新学期交学费。

爸爸一直相信知识能够改变命运。无论家住在多远的山沟里，无论早上要做多少的家务事，他总是第一个到教室认真看书的人。

成绩几乎都是第一的爸爸从来不骄傲。

他经历的苦难铸成了一个坚定的背影，这个背影不管是在炎炎烈日下，还是在大雪飘飞下，都朝着自己的理想走去。

他经历了涅槃，翅膀上的羽毛已经长成了，要挺立在山冈上，自信地飞翔在蓝天下。

他用自己的心血经历了那么多的磨难，他一直在奋进，激起了一阵一阵的巨浪。

满身是伤没关系，弱小卑微无所谓，只要最关键的时刻是华丽的。

所以我无法想象当父亲收到四川大学的录取通知时的心情。

爸爸是很平静地给我诉说着这些的，好像一块石头砸进了纹丝不动的水里依然纹丝不动。

可是从他闪着光的眼睛里，我还懂了其他。

奋进的力量，他唱出的是自己的生命之歌。

年少花意浓

水一

"正午的阳光下，我和你伯伯踩在深深的泥巴田里，手拿竹竿，使劲摇晃水稻的花，花粉像烟雾一样四处飘散，空气里弥漫着稻花香。我们全身是泥，浑身是汗，像刚从泥水里捞上来似的。"爸爸在给我描述儿时给水稻制种传粉的情景。

"爸爸，那一定很好玩吧！"我好奇地问。

"一点不好玩,那是最辛苦的劳动,我们农村叫作赶花,用你们生物课的科学说法是叫水稻制种人工授粉。人工授粉必须选择气温较高的正午时分。为了使授粉的效果好,要用力地摇花。"

"家里有三亩制种田,一般赶花一次要半个多小时,隔两个小时赶一次,从上午11点到下午3点。一场活干下来,往往人晒得生痛,累得虚脱,吃饭的时候,手往往因为用力过度连筷子都拿不稳了。"

"那时候,我记得水稻制种的种子好贵的,一斤可卖3元钱。虽然产量极低,每亩只有100多斤的收成,收益却是一般水稻的十几倍。为了使每一株母本雌蕊都能授粉,每次我们授粉的时候都要使出吃奶的力气使劲摇晃,粉授得好,当年的收成就好,收成好,家里就多一笔钱,才能够送爸爸读书。"爸爸的回忆里,既有对过去追忆的甜蜜,又有童年艰辛生活的苦涩。

以上对话,是爸爸在给我解答"花粉的传播"这一章节中我有些疑惑的地方。

在我看来,赶花既是好玩的游戏,更有着"农月无闲人,倾家事南亩"的诗意:白茫茫的花粉,绿油油的稻田,倾巢出动的热闹,绿荫地里纳凉的微风,稻花田里说丰年的憧憬……

在自然界,花粉主要靠风的吹送传播,完成植物孕育的使命。为了有更好的收成,农民朋友不计千辛万苦进行人工授粉赶花。

从春种一颗神奇的种子,到夏花灿烂朵朵,到秋实硕果累累,自然界每个季节都在向我们讲述生命中的浪漫情事:那纷纷飘落的稻花雨,是花儿对大地最热烈的爱,它完成了一个生命的孕育。秋天的时候,沉甸甸的稻穗就是我们等待的甜蜜。

水一阅读书单

《人间词话》　《重温最美古诗词》　《我理解的生活》

《王子的长夜》　《梦里花落知多少》　《小时代》系列

《幻城》　《夏至未至》　《悲伤逆流成河》

《爵迹》　《愿风裁尘》　《朝花夕拾》

《往事并不如烟》　《谈美书简》　《人类的故事》

《汪曾祺散文》　《春风不改旧时波》　《思无邪》

《蒋勋说唐诗》　《蒋勋说宋词》　《人生若只如初见》

《纳兰容若词》　《仓央嘉措诗选》

《西风多少恨吹不散眉弯》　《你若安好便是晴天》

《二十首情诗和一首绝望的诗》　《席慕蓉诗歌精选》

《狼蝙蝠》　《恐龙秘史》

14 岁
从言情到经典的飞跃

初中时期水一最喜欢的作者是郭敬明,她在他的小说里读出了青春明媚的忧伤和成长的疼痛。她读了他所有的作品,模仿他的笔调写青春小说,并因此一度沉迷于青春校园小说而不能自拔。初三下学期开始,妈妈果断陪读,中断了她"春风十里乱读书"的趋势。初三暑假,妈妈让她阅读《红楼梦》,谁知她一头栽进了经典文学的殿堂:在这里,有宏大的叙事,有刹那的光芒,有无限的智慧,有深沉的感动,有辽阔的想象。每一条河流都有世界上最美的街道,游吟塞纳河畔,向雨果、巴尔扎克致敬,徜徉泰晤士河畔,与莎士比亚、狄更斯交谈……与大师对话,和经典同行,云在青天,书在手,14 岁的水一,阅读渐入佳境。

悲伤成河的那些人那些事

水一

　　《小时代》系列在电影院里已经走到了尾声,《爵迹》马上就要翻拍成影视作品了。我初中的时候看了很多郭敬明的小说,甚至到了荒废学业的境地,他所有的书我都看了,我的写作风格一度受其影响。最疯狂的那几个晚上,熄灯之后,我还捧着他的书。有太多的催泪悲剧情节,我怕被宿舍老师听到,只能压抑着,哭声变成抽泣,我整个人都是一抖一抖的,不知道多少次引来上铺同学的抗议。

　　华丽,这是我从他的书里最能看到的东西,所有词语都是精致的,精致到你难以找到瑕疵,一切朴实的文字在他的笔下都开始转型。《幻城》里如同梦境一般铺天盖地而来的洁白雪花,亚索站在空旷雪地上渴望自由的眼神。《夏至未至》里每一个精心设置好了的夏天,高大笔挺的香樟树没有被世人遗忘,静静地伫立在炎热的太阳的炙烤中,傅小司那双多年没有情绪的双目里突然多了一丝悸动。甚至在《悲伤逆流成河》里,校园暴力也把让人最初感受到的愤怒转变成了对桀骜不驯的女主角易遥的叹息。

　　首先从书中的人物角色说起,每一部爱情小说都有一个女主角,也有一个标配,也就是男朋友,或者是未来会成为男朋友的人物,只是双方都在假装矜持。他们干净,身着白衬衫,在所有的女生眼里都是被讨论的对象。他们有着好看的面部弧度,处事平和,听话懂事,成绩拔高,就像我们在校园时代都憧憬过的男神那样,找不到任何的缺点。这样的男生会喜欢女主角,那么女主角一定是一个漂亮有气质的女生。但是他们之间的关系不会维持很久，要么是男生劈腿，找了一个光鲜亮丽的第三者，要么就是女主角慢慢厌倦，提出了分手。

这个时候，真正的男主角才会从书本里走出来，他们就不一样了，孩子气，骄傲，更加完美，也更加善解人意。

《小时代》里的崇光，是我最喜欢的角色。他是一个作家，安慰着受伤害的林萧，她刚刚被男朋友抛弃。崇光很孩子气，是爱玩游戏爱拖稿的作家，他如同星辰一般，行走在这充满物欲的小小时代里，内心却还是纯洁如初，所以他不害怕，尽管他得了胃癌但还是绽放笑容，被哥哥丢下但还是相信他会回来。虽然他最后死在了手术刀下，又重生在整容刀下，但是不得不说，崇光已经死了，他虽然以整容更改身份的方式生活，但我还是想说，那个面带温柔微笑又孩子气又让人心疼的崇光已经不复存在了。他的新身份注定了他已经不能像以前那样拿起笔写字，也不能像以前那样肆无忌惮地笑——因为他现在不是作家而是个模特，脸也变得僵硬。

郭敬明能把一个角色写得让人心痛，让人怜惜。

第二个人物，是《幻城》里那个孤独的哥哥卡索。他和他的弟弟从上辈子牵扯到这辈子。上辈子他是一个因为犯下大过而被锁在悬崖边渴望自由的人，他的弟弟是和他绑在一起的鸟儿。他的弟弟为了他的自由，撞向了锁链，粉身碎骨，他也孤独终老。而这辈子，他们变成了冰雪之国的继承人，卡索依然很渴望自由。他的弟弟却背着他做了很多很残忍的事情，就是为了让卡索摆脱王位的控制，真正做一个能够奔向自由的普通人。但是卡索并不知道，他认为弟弟已经因王而痴狂，于是就痛下决心，把他杀死了。

事后知道真相的卡索不顾任何人的劝阻，踏上了寻找能让人起死回生的隐莲。但是使用隐莲会有副作用：卡索的弟弟只有在复活之后见到卡索才能恢复记忆，并且他此生用的这个身体所拥有的能力是他上辈子最想拥有的能力。

卡索在使用隐莲之后回到他的国家，等待着弟弟的来到。好景不长，没过多久，火族发起了攻击。有一个叫作罹天烬的将领，是火族最小的皇子，他灵力惊人，当初陪伴卡索去寻找隐莲的勇士都被他轻易地杀死了。卡索看着城池一座一座地被摧毁，选择了自杀。就当他自杀的时候，他碰见了罹天烬。罹天烬眼里的迷雾逐渐散去，他想起他面前的这个人，就是他的哥哥，是那个他为之牺牲一切也想让其自由的人。

"哥，请你自由地……"罹天烬燃烧了自己的生命，在最后的时光，终于温暖了卡索的身体。

《幻城》中还穿插了很多个小故事，每一个都很感人，我翻了两个小时，越看越翻不下去，最后"哭晕"在被窝。

虽然郭敬明不一定被很多人喜欢，但是一千个读者眼中就有一千个哈姆雷特。我很喜欢他的作品，他的风格，他笔下的魔法，能够让所有的文字都变得灵活美妙起来。

有时候看小说，恍惚地认为那些人和故事都是真的。

真的，我相信。

那个阳光明媚的周崇光，那个外表冷酷内心柔软的傅小司，那个叛逆但又温柔的顾森西，那个为了弟弟而放弃王位的卡索。他们璀璨得像明亮的星星，这个世界流传着他们的故事。我相信这个世界永远都有他们的影子。

真的，他们真的存在。

青春伴书最痴狂

妈妈

每个时代都有自己的星辰,那些年我们共同追过的书,见证青春岁月的成长。

50后的一代,读的青春偶像作品是《钢铁是怎样炼成的》;60后的一代,读三毛的《哭泣的骆驼》,撒哈拉沙漠的生死之恋让人落泪,流浪情怀让人向往;70后的一代,在金庸的小说里天马行空,驰骋江湖;80后的一代追王小波的《黄金时代》;90后的郭粉们刮起《小时代》旋风……

郭敬明曾说过"青春是一道明亮的伤痕",最美好的总是迷茫的,在远方,带着求索或疑问。青春期的孩子身体飞速成长,精神、心理总有一些疑惑随之而来。诸如,粉红色恋情的烦恼,学霸学渣之间的对抗,绯闻八卦的私语话题,等等。水一也不例外。现实中遇到种种迷惑,她一头扎进郭敬明的作品里去求解作答并陷入疯狂阅读其作品状态:上课时低头放在腿上偷偷看,下课时趴在课桌上飞快地看,到寝室里窝在被子里自由地看,熄灯后打着手电筒照着看……从郭敬明系列到辛夷坞系列,从《龙族》到《盗墓笔记》,从《简·爱》到《飘》,她涉猎的范围包括青春校园爱情小说、玄幻小说、经典爱情世界名著等,整个人陷入疯魔的状态,疯狂阅读的代价当然是成绩一落千丈。

初一初二她寄宿,由于放任自己阅读嗜好的疯长,用她自己的话来讲已经到了快荒废学业的地步了。初三下学期时,一向开明的爸妈与她促膝谈心之后，果断取消寄宿并与她定下三个规定：最后一个学期，父母陪读；一个学期限制看课外书；采取了封闭式恶补，全力冲刺中考。

　　谁的青春不迷茫？通过这次事件，水一明白了一个道理：以前她把学习的时间用来读郭敬明去了，爸妈也没有追究，但关键时候是不能掉链子的，比如中考要交出好成绩时，就必须要去搏一搏了。所以初三下学期，最后那一百天，她白天上大课，夜晚一对一上小课。用她的话来说，比地狱还要地狱。果然不负爸妈的期望，她中考交出了一份爸妈称为"奇迹"的答卷。

　　对于这一段成长历程，事后她不仅没有后悔，还觉得收获颇丰。她还调侃当初郭敬明高三的时候都花费大把时间写《幻城》这部小说，爸妈要他考理科，他最后凭大量的阅读和文学才华，如愿以偿地考进了复旦大学。谁说人生没有惊喜？她常说她跟郭有同类结构，所以看他的作品特别容易激发她创作的灵感，文笔也深受他的启发。

　　在 2013 年夏天，一放暑假，她就和同学去看了《小时代》电影。我鼓励她写一篇影评，她欣然答应，在电脑边倒腾了一阵就拿出了一篇文章来。我看完之后说，感觉不像《小时代》的影评，倒像是写她喜欢的周崇光这个角色。水一也说："因为喜欢他，当我第一眼看见陈学冬的照片时，我就觉得他就是《小时代》里的周崇光，结果郭敬明果真选中了他,啊,就为了这个,我就要去看《小时代》的电影。"

2013年的那个夏天,陈学冬因为周崇光而家喻户晓,让女生尖叫。

2014年的夏天,我们家因为水一的疯狂读书病和中考奇迹而记忆深刻。

红尘　心楼　梦醒时

水一

如果你问,《红楼梦》是一部什么书?

那么,你可能得到各种各样的答案。

研究《红楼梦》的红学家会花上几天几夜为你分析,告诉你,这是一部凝聚了中华文明智慧的巨作,是历史的瑰宝,是不可替代的名著。

恰好教完中国历史的老师会提醒你:"这是中国历史上一部评判封建社会的小说,这么重要的知识点下次别忘了。"

没有读过《红楼梦》的人会说:"这是中国古典四大名著中最经典的一部。"

在中国的大街小巷或许有人没有阅读过这本书,但它的知名度可谓妇孺皆知。

最近几个星期,我在父母的极力推荐下,终于翻开了《红楼梦》。

如今我明白了,当时的我拿着一把钥匙,打开了无数扇门,我仿佛看见几百年前离我遥不可及的年代里,那些有血有肉的角色之间互相纠缠的爱恨情仇。

我与他们待在了一起,走过春夏秋冬,有幸见证了女娲补天多出来的那块石头和天河里不断流泪的绛珠仙草的爱情故事,有幸发现了封建时代里与社会格格不入的有才情的青年,有幸陪他们一起哭笑,一起悲喜。

故事发生在模糊的朝代,作者因为文字狱的盛行无法点明内心想要影射的清朝。两位仙人见到一块会开口说话的石头，它因为听见了凡世中美好的事情决心下凡，两位仙人无法阻止，只好把它变成了一块宝玉，从此人间多了一个孩子，他叫贾宝玉。

很显然，这便是故事的开篇，上天早已经注定的命运，这红尘滚滚中定会有为两个才子佳人谱写的爱情哀歌。

红尘中人，大多数都会被名利蒙蔽双眼，被金钱捆绑住双手，被淫欲束缚双腿。但上天低估了站出来反抗的两个人——宝玉和黛玉。他们本是上天化为人的灵物，也只有他们两人才可以在心里建一座高楼，把爱的信仰存放在最高点，再深再大的浪都无法浸透他们的信仰。

曹雪芹创作出如此凄美的爱情故事，可他还没有满足，相继写了多首诗歌，用神笔描绘了百个人物，官员也好丫鬟也罢，每个人都写透。他还把古时候的生活常识也一一列举，整个小说就是一部生活百科。

而我认为，《红楼梦》的绝妙之处是它的"命运论"，贾宝玉做梦时听到的十二支曲子就是这个故事里人物注定的宿命。

林黛玉听说宝玉和宝钗要结婚的事情之后，焚烧书稿，泪尽而逝，但本人已是"质本洁来还洁去"。一代才女在"宝玉，你好……"的决绝中哀怨断气，红尘的舞台就此落下帷幕。

薛宝钗得到宝玉后，发现贾宝玉无法忘却知音林妹妹，"纵然是举案齐眉，到底意难平"，典型的赢了婚姻输了爱情的结合。随着宝玉出家为僧，她只好独守空房，守了一辈子活寡。

王熙凤贪婪、霸道、凶残，她死时连一具棺材都没有。

贾探春、贾元春、贾惜春、贾迎春，虽然这四个人命运不同，可是结局都十分悲惨，或嫁他乡暴病而死，或成为尼姑，或被虐待而死。

李纨在贾珠死后便独自守寡，没有远见，只知道妇家之法。

史湘云是开朗豪爽爱淘气的"女汉子"，在丈夫暴病死亡之后，坚毅的性格也让她终身守寡。

秦可卿是风流女子，早夭。

妙玉落得无人可知。

梦醒之后，"落得一片白茫茫大地真干净"。

如果你来问我《红楼梦》是什么，我会说这是一本最难看，又是最好看的书。

影响了我们三代人的《红楼梦》

妈妈

  2013 年 6 月，广西师范大学出版社发起的一项"死活读不下去前 10 名图书"的调查引发热议。在这项 3000 多名网友参与的调查中，《红楼梦》高居榜首，成为"最难读"之书。记者采访著名作家王跃文时，他也提起了这个调查，说："《红楼梦》被评为最难读之书，简直是国人的悲哀。"作为推广全民阅读的代言人，他觉得倡导全民阅读尤其是倡导青少年阅读任重道远。

  不过在我们家，就有 14 岁的水一同学，利用 2013 年那个暑假的时间读完《红楼梦》，那真是白天读书，晚上做梦，间或还听到她断断续续的抽泣声。事实证明，《红楼梦》不是最难读的书之首，一位 14 岁的少女在这部书里读懂了青春、才华和理想的爱情。

  妈妈第一次接触《红楼梦》比水一更早，是小学三年级，9 岁。

  有一天，一个被众人喊作"臭老九"的老爷爷（这位老爷爷对我可好了，总是慈眉善目，给我讲故事，给我好多书看），从怀里神秘兮兮地掏出两本厚厚的据说叫"毒草"的书，他递书给我的时候，反复叮嘱："只准你一个人看，不能告诉任何人。"我接过他的书，郑重地点点头。我把这两部砖头一样重的书带回家，然后躲在角落里，怀着偷吃禁果的心情，紧张地打开了书。我似懂非懂地翻看了几天，看得云里雾里，确实觉得不好懂，读不下去。唯一印象深刻的是看到刘姥姥进大观园那一章，我"哈哈哈哈"地从坐着的凳子上笑到站了起来，笑得母亲都从厨房里跑出来，看我发生了什么事。

我连忙把书藏在凳子后面。

母亲只有小学文化，识字不多，但酷爱看有关《红楼梦》的电影、越剧和黄梅戏。她有一双深邃的美丽大眼睛，每次看到黛玉葬花或黛玉焚绢的情节，她眼睛里的一汪湖水就荡漾起来，晶莹的泪珠挂在她的眼角，间或听到她断断续续的抽泣声，房间顿时笼罩着一层深深的哀怨。年幼的我不懂，更不喜欢《红楼梦》这部常常惹母亲流泪的作品。长大后我才知道，她在黛玉身上看到了自己孤儿的命运和悲伤。

2013年暑假的一天，我下班回家，见宝贝水一两眼通红，梨花带雨，不时还轻轻抽泣，原来她也读到了黛玉焚绢的一章。整个房间笼罩着哀伤，妈妈又想起了外婆曾经的哀伤。在我们家，这部书至少影响了三代人。

有人说，如果想当一个作家，就要熟读《红楼梦》。张爱玲是一个佐证。她把这本书烂熟于心，书里哪怕生的字眼她都可以一一挑出，她的小说很多地方都有这本书的痕迹。这部书深深影响了她，是她绽放文学异彩的源泉。老年时她撰写了《红楼梦魇》，她在这部书的自序中这样结尾："十年一觉迷考据，赢得红楼梦魇名。"

有人又问：如果漂流荒岛，只能带一本书，你会选择哪一本？许多人的回答竟然都是《红楼梦》。它可以让你从青春读到年老，使我们看到不同年龄的自己。著名画家蒋勋就把这部书读了二三十遍，从青春到年老。读着读着，他从一名画家，变成了一名作家，写下了《蒋勋说红楼梦》系列丛书。据说为了不错过听蒋勋的讲座，著名影星林青霞常常从香港坐飞机到台湾去听他说《红楼梦》。林青霞说："蒋勋先生是我的半颗安眠药，因为听蒋老师讲《红楼梦》，心里很安定，就容易入睡。"蒋勋说："《红楼梦》是可以读一辈子的书。"他把《红楼梦》当佛经读，处处看见慈悲，处处看见觉悟。

  阅读是文明金字塔中的一块砖，一个个人的阅读将文明传承了下来。对《红楼梦》的研究主要分评点派、索隐派、考证派等。没有这些红学家的点评、索引、考证或解读，这部代表中国小说最高峰的巨著怎么会随着时光的流逝不断焕发新生？一代又一代，《红楼梦》才是三百年来一直大卖的畅销书，是值得一辈子阅读的好书，是值得中国人骄傲的经典之作。做一个如水的小资女人要读《红楼梦》，做一个才华横溢的作家要读《红楼梦》，做一个有文化担当的中国人更要读《红楼梦》。正如作家郦波心目中有这样一幅画面："当全民族都喜欢《红楼梦》的时候，在公交上看到有人读《红楼梦》的时候，那才是真正的大国崛起。"

我的男神

水一

如果在十年前就有"男神"这个概念，那对我而言，柯南就是我的男神之一。在认识福尔摩斯之前，我认识了柯南，第一次接触到什么是正义、什么是真相。

我上个星期看到了一个电视节目：在北京卫视《法制进行时》，主持人放出了《名侦探柯南》里杀人的一个场景，然后大肆批评说，柯南的存在就是一部犯罪教科书，这么血腥暴力，可能会扭曲孩子们的心灵。节目现场还有不少赞同声，人们纷纷表示自己会控制自己的孩子，让他们少看一点这类动画片。

其实一开始看到这一个节目时，我很生气。我在三四岁的时候就开始看柯南，那时候胆子很小，又想看却又怕，躲在父母后面，不敢看突然冒出来的凶手——那样往往会把我吓得胆战心惊。然后晚上如果一个人去上厕所，脑袋里装满幻想，到处鬼影幢幢，整个房间回荡着《名侦探柯南》里阴森的背景音乐。一个人晚上睡觉的时候，总觉得黑衣人会藏在房间的某个角落，会冷不丁地从哪里冒出来。

即使它把气氛渲染成我上述描绘的那样，我也从来没有想过哪一天会去杀一个人看看。柯南在很大程度上帮助了我，他告诉我死亡是什么，又告诉我什么样的事情值得做，什么样的事情不值得做。柯南为了维护正义，他在看到自己欣赏的人犯下罪之后没有包庇，反而在众人面前揭开真相。他还是一个身体变小之后还能坚守和保护自己青梅竹马的女友和家人的人。他说:"一个人怎么样也不能用报复的心情来对待不公平。"他的偶像是福尔摩斯,他引用福尔摩斯的那句话"为了公众的利益,我很乐意奉献自己的全部",这句话也成了我的至理名言。

一个人能把自己所有的能力投入到对邪恶的搏斗之中,一个人能在意侦探这种冷门职业还去选择,这部正我三观的动漫,告诉我好人和坏人的不同之处,告诉我要冷静地处理对你不公正的事。这么好的动漫居然遭推崇喜羊羊与灰太狼的专家讽刺。

至于福尔摩斯,我是被他的大公无私所折服的。他在我心里就是一个戴着鸭舌帽,叼着烟斗,穿着风衣的聪慧之人。那双蓝眼睛在瞬息之间能看透一件事,那精细的大脑时刻在对案件进行分析和判断。他拥有一切可犯罪的机会,但他站在了正义的一方,而且始终为正义代言并化身为光明。

我钦佩他们,他们是我的男神和榜样。

生命因侦探冒险而精彩

妈妈

水一是超级侦探迷。

四五岁时就爱看《名侦探柯南》漫画和动画片,《名侦探柯南》每年都有新剧,她每集都不落下。7岁就看遍了书店里的《冒险小虎队》全套书籍,并且不辞辛苦地收集了每一集后面的解密卡。10岁阅读完《福尔摩斯探案集》。正如她的文章所写的,名侦探柯南就是她从小到大伴随她成长,给她无限勇气和智慧的"男神"。

小学二年级的一天,在放学回家的路上,她被一只小狗狂追,她记下了当时的情形:"今天放学,发生一起追杀事件:被害者是我,凶手是一只小狗。"文章一开头就充满着名侦探柯南故事的味道。

10岁时,她常常喜欢坐在家里的阳台上看《福尔摩斯探案集》,看着看着就大喊:"妈妈,妈妈。"等妈妈跑到她身边问她有什么事时,她又微笑着说没事。妈妈知道,她一定是看到紧张或恐怖的地方,没有安全感,喊妈妈是为了给她增加勇气。所以那段时间,妈妈经常在她面前晃来晃去。

她常常爱撅着屁股蹲在地上看蚂蚁搬家,观察小狗打架,在草丛里探访蝴蝶,邂逅小猫,用她的话来说,她要培养观察能力,为将来当侦探锻炼本领。她在外公的酒窖里穿梭,把外公酿酒的酵母及酒窖中瓶瓶罐罐里的水倒在一个瓶子里,据说那是她特制的"毒药",关键时刻要用来对付"坏人"的。

8岁那年,妈妈带她到上海,她买了名侦探柯南的手表和蝴蝶变声器。只见她在小朋友面前伸出手腕，轻轻一按开关，一个小暗器"嗖"的一声从手表上飞旋而出。小伙伴们都惊呆了，水一嘴角画出一条弧线，瞬间化身为女版的名侦探柯南。那个玩具给她在小朋友面前带来了无限荣耀。她还买了一本《七天变成小特工》的书。她躲在角落里捣鼓半天，然后突然出现在妈妈面前，竟是一个嘴角有胡须，鼻梁上架着黑色镜架的"小伙子"。

14岁的时候，小区里有个女子跳楼自杀，妈妈不敢看现场。她伸个脑袋，认真看公安局贴出来的死者各种角度的认尸照，只要派出所民警到小区来调查，她就拿着一支笔，做详细的记录。她分析，本案有哪些疑点，有哪些线索，看似是自杀背后却潜伏着新的阴谋，如此等等。

侦探冒险小说，案件诡谲离奇，情节引人入胜，人物鲜活独特，这些元素深深吸引着孩子。生命本身就是一次奇妙的探险旅程，充满了无数惊险有趣的故事。孩子在阅读这类书籍的同时唤醒了成长的勇气和智慧，收获了幻想、新奇、创造的力量。日复一日，读故事的小女孩长大了，但浸润在故事情节里的亲情、友情、爱情、悬疑、背叛、复仇等剧情，处处充斥于生活中。

生命因为侦探冒险的阅读体验而精彩纷呈。

爱上阅读爱上写作

坚强流淌在骨髓里

水一

他14岁,被诊断出白血病。

有着这样命运的他,情绪开始不稳定。倚靠在医院病房的长廊上,听风叹息般吹过的声音。阳光洒在他身上,从细密的树叶间隙中穿过,映上他的白色病号服。

他个子高高大大,笑起来一口白牙。医生和护士都说他原本很好看,而现在,他却常常一个人窝在角落里哭泣。对于14岁的孩子来说,被诊断出白血病这种治愈几率较低的病症,是非常残忍的事情。他的情绪也日益暴躁,由于没有找到配比程度比较高的骨髓,他的白细胞的数量暴涨了三倍。

他家境平常,耗不起多少钱,化疗已经做了三次。他剃掉了头发,躺在病床上,漆黑的瞳孔陷入空洞之中,眼泪源源不断地流出,流到他的脸上,他的手里。

又一次抽血检验,他的脑海里还浮现着医生下最后通牒时的脸,说什么心态最重要,坚强和乐观最重要。男孩子不屑地想了想,挪回了病房,躺下来准备休息的时候,视线瞥见空了好几个月的病床上多了一个女士包包。

又有一位重症患者入院?他疑惑地想,但片刻后病痛又侵犯了他的身体，他眉头紧拧，晕了过去。

之后的几天，他会经常在另一个病床看到一个女生，她面色安详地坐在病床上，时不时还露出笑容。

他从别人的嘴里打探到，这个女孩叫杰，是肝癌晚期患者。

其实苦不是别人说的，他压根不敢想这个女孩有多大的痛苦，因为她脸上根本看不到难过。

他终于忍不住和她说话了："你叫什么？"

她抬起头朝他笑了笑："杰，杰出的杰。"

"你得了什么病啊？"因为长期封闭自己的内心，他的话里带着刺，杰没有在意，说道："肝癌。"他不敢相信地看着杰，打从心里佩服这样一个女孩。杰看到他干净的面容上表露出的吃惊，"扑哧"一声笑了出来，他的脸顿时红了起来。

后来，他与杰成了无话不谈的好朋友。杰时常把他逗笑，他这才发现，病痛的折磨并没有什么厉害，也发现自己原来这么久都没有笑了，他要把这段时间落下的快乐补回来。

杰扯着他的衣袖，指着还没有绽放的花苞说："现在是冬天，到了春天，它们就会开放了吧。"她看了他一眼说："希望它们能坚强地度过这个寒冬。"

他没有回话，心好像与杰相通似的，只不过还朦朦胧胧。

好消息传来了，医生经过不懈努力发现了新的配比骨髓，他毫不犹豫地接受了手术。手术做完已是早春二月，他兴奋地爬起来，感到健康的自己重新归来了。

"杰——"他下床的第一件事就是想去他们常见面的地方，刚站起来，就看见自己的父母在床边哭泣。他停了下来，有一种不祥的预感。

一张纸条飘到了他的手心，是杰的字迹，那张纸条上写着："我能给你的就是骨髓里的这份坚强。"两行清泪，从他脸颊上流了下来。

20年后，他成了赫赫有名的医生，每天都要与绝症病人打交道。

他听说来了一位患白血病的女孩，情绪消极，他换上了病号服，走到小女孩身边，睡在病床上。

小女孩眨着眼睛问："你叫什么？"

"杰。"他笑了。

"你也是血癌吗？"

"不，我是肝癌晚期。"他轻轻转过头，望向了窗外，窗外繁花似锦。他仿佛记起了他和杰讨论的"那个花苞"，它们挺过了寒冬，正以自己最美的姿态绽放在春天里。

他想：我也会带领更多的人，坚强地走过病痛。

（仿郭敬明笔调小说）

时间弄破的疤痕叫成长

水一

我只想过要看序，没有想过要写序。在我眼里，写序的都是一些高端大气上档次的作家。关于这个序，我也并没有想太多，第一篇，我更愿意把它当作日记来写，自己也感受一下那些知名作家写序的快感。

今年是我在这个世界上生活的第 14 个年头。不能说是一个人在空虚缥缈的空间里行走，这里的世界，是有光线存在的，有的时候很亮很亮，有的时候很暗很暗。我很知足，我没有让我烦心的事情，我没有那么多复杂的经历，我只要很单纯地坐在这里，时不时想起以前心酸或快乐的事情来就够了。

我在电脑面前平静地把我小时候写过的作文一个字一个字地输入进去，我不知道我的心情究竟是什么。不知不觉，时光已经像沙子一样从我手里面漏出去了。本来可以在一起的人，我们分开了；本来不会怀念的事，现在又拼命地想找回当时的感觉。碰到一些太幼稚的文字，我会笑，然后思考我要不要改这篇文章的内容。最后只是稍稍地动了几个字。

有人说，人是矛盾的。

当你一个人在夜晚的小巷子里行走的时候，你想，这个世界是没有幽灵的。

当你的亲人离开这个世界的时候，你又想，这个世界是有幽灵的。

从初一到现在，我遇见了一些让我改变的人。这里面的人，有些是我很好很好的朋友，但是有一天我们又不是朋友了。有些人啊，她们就那么轻轻哼着歌，在自己笼罩的阴影下，慢慢退后，直到完全消失不见。

我会看着天空上面飞机划过后的云，被分割成好几个不同的样子。然后我蹲在地上，想要哭，却告诫自己一定要勇敢。我记得有一个人对我说："谢谢你，让我找到过去的自己。"我已经在时间的打磨之下面目全非了。这个人，你在哪里呢，你能不能让我变回以前的样子。

这样的文章用来作序实在是有点不合适，好像在写散文。

时间弄破的疤痕叫成长。

我欺骗过别人，临阵脱逃过，干过坏事，这些算不算成长？水里清澈的是我的倒影，看不清的是我的从前。

学会面对这个社会。

我相信人，相信爱。

水一阅读书单

《少年维特之烦恼》　　《沉思录》　　《红楼梦》

《色识》　　《地毯的那一端》　　《一一风荷举》

《老人与海》　　《基督山伯爵》　　《飘》

《亨·欧利短篇小说精选》　　《星座与血型》

《约翰·克利斯朵夫》（1-4）　　《悲惨世界》

《罗密欧与朱丽叶》　　《哈姆雷特》　　《高老头》

《雾都孤儿》　　《狄金森诗选》　　《射雕英雄传》（1-4）

15 岁
带孩子找到生命的意义

这一年,水一阅读了关于追寻理想、寻找自己的书籍,开始认真思考"我是谁""我从哪里来""我将要做什么"这样严肃的人生话题。她读了一些人物传记,希望从榜样身上吸取前行的力量,从他们身上观照自我,她说:"凡高的热情是色彩,他的生命之光全部绽放在他的作品里。"她从《百年孤独》里读出了孤独的滋味,读《目送》时写下了如此贴心的话语:"成功的速度要超过父母衰老的速度,我希望他们能够为我骄傲。"每个人都是一本书,读别人的故事,其实是在品味另一种生活。水一相信梦想是勇往直前的动力,相信坚韧是战胜困难的法宝,相信阅读是遇见自己的最好方式。

从秦大奶奶想到我奶奶

水一

第一次看曹文轩的书是一本描写乡村生活的《草房子》。封面是孩子们坐在稻草搭建的屋顶上玩耍，在夕阳的辉映下，这样一个安静祥和的村庄，会发生什么样的故事呢？

书的主角是一个叫桑桑的男孩子，他们一家是从城镇搬迁到农村里来的。桑桑的爸爸是这个村子里唯一的小学里的校长。所有主线情节都围绕着桑桑的小学生活而展开，讲述他经历的生活，遇到的各色各样的人。最后他从一个爱逃避问题的小男孩成长为一个面对巨大挫折能够忍住悲痛的坚强少年。

书中有很多发生在桑桑身上的淘气的故事，让人哭笑不得，但最让我刻骨铭心的还是书中的配角秦大奶奶。

桑桑的学校附近有一个小房子，里面住着秦大奶奶。秦大奶奶是出了名的犟脾气。自从她的老伴过世之后，她就成了小学边的"钉子户"。她所在的那个房子是政府多年以来一直想拆掉的房子，桑桑的爸爸去调解了很多次，硬是没有使秦大奶奶的心扉打开。秦大奶奶甚至还把自己的鸡啊、羊啊赶到了学校里面。这些禽畜常常在学校发出声响，学校老师只有大喊几声才能让正在上课的孩子们缓过神来。但是秦大奶奶好像并不为自己的行为而感到难堪，甚至还会像小孩子那样躺在树下打滚，被称作"最可恶的老婆子"。

直到有一天，一个叫乔乔的女孩不小心掉进了河里，在挣扎的时候，喊出了"奶奶，救我！"这句话。秦大奶奶不顾已经70多岁的高龄，纵身跃下小河，救起了乔乔，她自己被湍急的水流给冲走。秦大奶奶醒来之后，被大家称作英雄，从来没有孩子的她体会到了被称作奶奶的幸福与满足。她变得温和起来，开始真正像个奶奶，为小学里的女孩子扎辫子，甚至还帮她们擦指甲油。但是和她关系最好的是桑桑。桑桑是一个很善良的孩子，他彻夜陪秦大奶奶讲话，帮秦大奶奶管理家畜。就是这样一个走进暮年很久之后才突然发现了自己的善心的奶奶，她不再像以前那样刁钻，反而变得和蔼可亲，讨人喜欢。

　　美好的时光总是那么快地溜走……

　　秦大奶奶死了，死得毫无预兆，前一页还是笑着的老顽童，后一页就因为在又一次跳水救人时没能奇迹再现，永远地陷入了黑暗，找她的老爷子去了。桑桑是跟她最亲的小孩，大人们按照当地的习俗，将桑桑的一撮头发给剪了下来，放进了秦大奶奶的棺材里。

　　当时看到这里的时候，不夸张地说，我哭了快三个小时，妈妈做完SPA带我回家的路上，我一直在哭，并且哭得呼天抢地，听不见任何劝阻。

　　哭的原因有很多，我本来就是一个特别容易看书看哭的人，还有一个原因是我想到了自己的奶奶。因为来了长沙，回永州的次数也没那么多了，好不容易看到奶奶，匆匆中又要走了。我总是记得奶奶每次在送我们出家门的时候不停念叨："你们要注意身体啊，水一平时听话一些，好好读书……"奶奶说着说着，就会眼睛红了，带着哭腔，传染给我们。我们都是在她说这些话暂停的那一瞬间和她说再见并赶忙把门关上，不让她出来送行。

　　小时候，陪伴我很长一段童年时光的就是奶奶。奶奶那时身板还比较硬朗，我读幼儿园时，她经常在幼儿园门外面等着我，接我回家。幼儿园门口有个卖豆腐脑的摊贩,奶奶总会给我买一杯豆腐脑喝。幼儿园的伙食不是很好,我又饥又渴的,喝的速度太快,一般奶奶刚刚接过找来的零钱,一大杯豆腐脑就被我喝完了,只剩奶奶一个人在原地咕哝:"怎么这么快就喝完了?"我就站在奶奶的后面偷偷笑。

奶奶出生在我不知道的乡下,还经历了抗战时期。我对这段历史很感兴趣,问奶奶那时是怎么样的,奶奶就会笑着告诉我:"日本鬼子啊?"然后还特地停顿一下,"不就是他们打,我们跑,他们打东边,我们就跑到西边,他们打西边,我们就跑到东边。"还不停地用手指比画着方向,操着一口浓烈的零陵土话。

除了抗日战争的那段历史,奶奶还给我讲了她青年时的很多故事,细节描述甚至比历史书上的还要详细。就是这样一个会说话的奶奶,在告诉我爷爷的名字是哪几个字的时候,却让人捧腹大笑:"他叫彭茂青,什么?怎么写的?就是'彭'的'彭','茂'的'茂','青'的'青'啊!"她还经常说出很多孩子一样可爱的话,她称仙人掌为"会刺人的怪物"。虽然她不能听懂普通话,但能看懂电视剧里面的情节,特别喜欢看家庭伦理感情剧,不但能准确无误地找出那个小三,还能边看边唾弃:"就是这个女的,她好坏的!"

奶奶是童养媳,11岁就出嫁了,19岁开始生孩子,一共生了8个,但是很不幸,前面的4个夭折了。每次谈起这件事情,她的眼里就会泛起泪水,不断摇头叹息。她吃的盐比我吃的饭还多,但是她能很乐观地谈起那些痛苦的事情。因为尝了那么多由贫穷带来的苦涩,她特别节俭,可是每次来接我的时候都会为我在校门口买一杯豆腐脑,舍得给我买好吃的。

因为奶奶,所以我在看秦大奶奶那一章节的时候感受颇深。奶奶在 1992 年的时候曾经突发脑部疾病，差一点就出事了，幸好爸爸及时从外面回来碰到了这一幕，赶紧把她送到了医院，拿着刚发的工资救活了奶奶。现在想起来真是幸运，如果没有奶奶，我的童年也不会如此多姿多彩。就算爸爸妈妈都不在家，奶奶也能给我做饭，爸爸妈妈都出去有事的晚上，奶奶就会陪着我睡觉，直到爸爸妈妈回来为止。冬天，奶奶会帮我把被子给包好，不让任何风钻进来；夏天就会为我扇扇子，然后我们两人就一起睡着了。

奶奶现在有 86 岁了，没有以前那么精神焕发，但我知道她还是一个积极的老人。虽然我们之间隔了一辈人，可这并不影响我们之间的感情，一直到现在，我还能想起来奶奶当时是怎么拍我睡觉的，怎么为我扇风，怎么用那口零陵话让我陷入梦境的。

上一次回家，碰到奶奶正在看电视，她指着电视剧里的小三对我说："就是这个女的，她好坏的。"

我不禁开心地笑了。

梦的追寻，爱的给养

妈妈

水一是奶奶一手带大的，一直到 9 岁才离开奶奶身边。

小时候，肚子饿了，找奶奶要东西吃；生病吃药的话，奶奶替她先尝苦；外面受了气，回来向奶奶哭诉；没有玩伴的时候，奶奶乖乖地充当她游戏里的任何角色。爸爸妈妈不在身边时，夏天，奶奶给她扇凉风；冬天，奶奶给她掖被子。多好的奶奶啊，简直就是万能奶奶。所以她在 7 岁第一次写文章记人物的时候，就毫不犹豫地写了《我的奶奶》。她是这样结尾的：奶奶是我心中的一盏灯。

这盏心中的灯给她力量，伴她成长。

她学奶奶讲永州邮亭圩土话，模仿着奶奶接人待物，每次到外面旅游，她口口声声要带上奶奶，到外面吃饭，要想着给奶奶带好吃的回来。奶奶要她乖，听爸妈的话，她点头；奶奶要她好好学习，她照做。记得 9 岁离开奶奶到长沙时，她很舍不得，泪眼依依地跟奶奶道别，深情地说："奶奶，你要好好健康啊。我到长沙去找不死的药给你吃，你等着啊。"

因为当时妈妈一个人带着她先到长沙，吃妈妈这个菜鸟厨师做的菜，她想奶奶做的菜，流口水；碰到不适应的新情况，受到委屈时，想起奶奶的安抚，她掉眼泪；晚上或白天一个人待在家等妈妈的时候，初次尝到寂寞的滋味……然而当她看到《草房子》里的秦大奶奶这个角色时，对奶奶的种种念想都在这个角色里得到了满足。看《草房子》的那几天，她左一个秦大奶奶，右一个秦大奶奶，秦大奶奶的蛮横无理、吵闹搞怪，以及后来的勇敢、温柔及牺牲的情节都让她手不释卷。所以，当看到秦大奶奶因救人而死亡的那一章，她的眼泪决堤而出。这眼泪是感动的泪水，更是思念的泪水，她读懂了奶奶对她的养育之恩和血脉之情。

  2010年冬天，曹文轩老师做客袁家岭新华书店签名售书，因为对《草房子》的喜爱，对曹文轩这个名家的仰慕，她冒着严寒，站在长龙般的队伍里。当曹文轩翻开《根鸟》扉页写下"水一，一路向前时"，这如同奶奶般叮咛的话语，让她激动不已。

追梦永远在路上

水一

我就用这本书的简介来说这个作者:整整十年,小鹏没有干过太正经的事儿,除了旅行——这是他人生中唯一严肃对待的事情。经纬之间,他用最节俭最深入的自助旅行方式,将半个地球统统塞进了背包。《背包十年》,小鹏由最初的菜鸟背包客,变成国内首位职业旅行家。

我很佩服这本书的作者小鹏,他能够把自己的梦想实现,尽管这看上去并不可能,但我想说的不是旅行。关于旅行,我早几年前就不怎么喜欢了,在外面奔波还不如在家里睡一觉,在外面挤成一只狗还不如在家里看一会儿书。像我这种喜欢打游戏、看动漫的宅女,虽然偶尔会想去外面走走,不过也只是偶尔罢了。

我想谈谈我的梦想。

小时候,我第一天想当孙悟空,第二天想当擦皮鞋的人,第三天想当侦探,第四天想当警察……老妈对我的异想天开也没有阻止,就任由我发展。父母说小时候抓周,我抓到的是一支笔,他们看我读书的现状和喜欢自由的性格,都一致认为我会选择走作家这条道路,没有想到,我在五年级时看了一部《外科医生奉达熙》的韩剧,就突然想当个医生,而且还是胸外科医生。

我想老爸老妈内心一定是这样子的:

"天哪,一个数钱都数不清的孩子!"

"天哪,一个到3岁才能数到100的孩子!"

"天哪，一个数学面临不及格的孩子！"

"天哪，一个粗心到经常拿错东西的孩子！"

"天哪，一个物理化学总分还没有别人一门单科成绩高的孩子！"

总而言之，我的性格、性别都很大程度上限制了我朝那个目标迈进的脚步。父母的建议是对的，他们也的确是为我好。一个女孩，思维不理性，喜欢泰戈尔多过爱因斯坦，喜欢文学作品而不是深奥的科学，虽然医生的前途较为不错，但是要承受大的风险、疾病的突发、传染的可能性……不仅这些，哪怕只是考虑自己的日常生活，也将时刻处于忙碌之中，这意味着从中学开始，你就要努力扛起数理化成绩，到了大学，还要不畏惧上解剖课，到了进入社会的年龄，你的手上要经历的是人命，你的内心也要能够承受一个生命消失在你手上所造成的内疚。

我也很困惑，我的数理化不是很好，但现在开始努力，成绩也许会进入年级中等偏上。我所怕的内容不单单是这些，还有当医生所面临的职业疲惫。

但只要想到那些比我差的人也想当医生并比我更努力，曾经比我还懒惰的学长们在医生这个职位上开始变得认真起来的时候，我就会想或许这是实现一个医生梦所必须要做好的心理准备。

现在的医生，有的已经只为自己的利润而疯头疯脑折磨病人，但也有医生依旧坚持在岗位上，他们在我写这段文字的时间里，有的在西非恐怖的埃博拉疫情区里与看不见的"敌人"作战，有的在急诊室里不厌其烦地为病人检查病情，如果一个医生连这点精神都没有，那就不配当一个医生。

我很高兴我的梦想能撑7年，可能以后还会有退缩的想法，但只要我想当医生，我就会选择理科，选择医生，选择救人。

送给所有医生，也送给不仅是我还有其他有梦想的人，不要放弃，有太多人对不能完成的遗憾耿耿于怀。我宁愿累，宁愿吃苦，也不想看到我的梦想泡在那个叫作"过去"的罐子里死去，而且就算实现不了，我也是为此拼命努力过的人。

　　《背包十年》的后记，抄在下面：

　　"对抗无法打败的对手，

　　承受内心承受的伤痛。

　　去勇士都去不了的地方，

　　不管多么绝望，不管多么遥远，

　　毫不犹豫，为梦想而战。

　　为了年华老去时不鄙视自己。"

勇于有梦，敢于追梦，勤于圆梦

妈妈

亲爱的水一宝贝：

　　你好！

　　你知道吗？此刻妈妈正在跟你说话，窗外出奇的安静，世界仿佛就剩下我一个人，是的，今天是妈妈的生日，有些刻意，享受一个人过生日的孤独和寂寞。

　　可是，我还是忍不住想跟你说说话，在这样一个特别的日子里。当你还在妈妈肚子里一个月大的时候，我就在想象着你是一个涨满了爱的大细胞。当你6个月大的一天，我在看一本有关孕妇的书，那上面画有一幅图记录着宝宝在妈妈肚子里成长的历程，虽然我们隔着肚皮，但妈妈看到画面上的孩子的各个动作时，不禁笑出声来。我幸福地摸着肚子，幸福地和你说话，你仿佛感应似的踢了我一脚，我的肚子瞬间隆起一团，那一刻我体会到了什么叫母子连心。

　　外婆发生车祸去世的那一年，我也是一个人过生日。那天中午12点我要走出办公室的时候，一声咕咕咕的叫唤吸引了我的注意。我扭头向窗外一望，一只鸽子像一阵风似的降落在办公室的窗台上，咕咕咕地叫唤着我，赶也赶不走，伸手就捉住了。后来办公室的人说这是母子连心的表现，天堂的妈妈给我送生日礼物了。

　　什么叫母子连心？那就是我们不仅有血脉的亲情，我们更有心灵上的感应。妈妈喜欢的，也许你喜欢；妈妈厌恶的，也许你厌恶。妈妈的爱，妈妈的痛，妈妈的关注，妈妈的期望，你都能感应得到，是吗？

现在的你像一朵含苞待放的蓓蕾，在春天里，在阳光下。徜徉在爸爸妈妈的爱里，沐浴在知识的海洋里。家境的富裕让你不用为衣食住行烦恼，让你可以全身心地去学习。爸爸妈妈对你的关怀和爱护，让你无忧无虑地健康成长。孩子，你是幸运的，就像奶奶说的："一个筋斗就打到了城市里，打到了一个文化妈妈的肚子里。"你不是也看了湖南卫视的《变形计》吗？和大山里的孩子比起来你的起点就是他们一生奋斗的终点。

幸运的孩子有着幸运的优点：你美丽，善良，富有同情心；你小嘴甜甜，善于沟通，被人喜爱；你喜欢阅读，涉猎广泛，知识面广；你文笔优美，富有灵性，是个文字高手；你语言幽默，冷笑话不断，是我们家的开心果。你的身上拷贝着爸爸妈妈优良的基因，你还积极、乐观、善良、好学等等，用你的话说：水一小朋友的优点如滔滔江水说也说不完。

毛主席说："世界是你们的，也是我们的，但是归根到底是你们的。你们青年人朝气蓬勃，正在兴旺时期，好像早晨八九点钟的太阳……"八九点钟的太阳冉冉升起，载着希望，孕育着无限的可能。你稚嫩的身躯里拷贝着中国人的优秀基因，你小小的双肩上担负着家国、天下的未来和希望。是做胸怀理想，肩负使命的好孩子，珍惜当下，努力学习，还是做虚度年华，空悲切白了少年头的追悔人？

15岁

如果让你选择，也许你会毫不犹豫地选择前者。妈妈不用问，妈妈眯起眼睛都能猜到。如果是这样，恭喜你，你是一个怀揣着远大理想的小小少年。

还记得小时候的你吗？你迷恋《西游记》的动画片，手里握着个金箍棒，天天嚷着要当孙悟空。你知道吗？孙悟空为了练就七十二变的本领不远万里拜师学艺，吃了常人不能吃的苦。小学的时候你又迷上了《名侦探柯南》，立志要当一个侦探家。你知道吗？一个好的侦探需要有严密的逻辑思维能力和推理能力，这两种能力的提高就需要学好数学。6岁的时候，你发誓要当一名钢琴家，你知道吗？当初郎朗在爸爸的棍棒下练琴因忍受不了极度的枯燥曾一度想自杀？再大一点你又迷上了J·K·罗琳的《哈利·波特》，希望当一名小说家。你知道吗？即使是流落街头，即使戴着未婚妈妈的符号被人歧视，J·K·罗琳也从来没有放弃对写作的追求和热爱。

后来你又迷上了《外科医生奉达熙》，一直怀揣着长大当医生的梦想。你知道吗？要当一个称职的医生，必须要经过严格的筛选，要本硕连读，打下扎实的医学理论基本功，要经过严谨的实验，要有勇敢的心，要有强壮的体魄能承受高强度的工作压力，才能承担悬壶济世，治病救人的责任。

冰心曾说："成功的花，人们只惊羡她现时的明艳！然而当初她的芽儿，浸透了奋斗的泪泉，洒遍了牺牲的血雨。"

随着你年龄和阅历的增加，你的理想像天空的云彩，随着太阳的光芒不断变换，但不管怎么变，你为了实现理想奋斗的足迹会留下，付出的汗水不会白洒，你的青春会因为追随理想的奋斗而变得飞扬，你的生命因为追随理想又增添了无数激动人心的篇章。

"真正的速度你是看不见的，就像风起云涌，日落生息。"不知不觉中，枯枝上发出了新芽，雪地里爬出了青草，墙头上闹出了一枝红杏，而你也从一个水瓶大小的襁褓中的婴儿出落成了一个亭亭玉立的青春美少女。一天又一天，一年又一年，如果你追随理想为之奋斗的努力就像爸爸妈妈对你的爱，暗藏在四季的变化更替中，如影随形，那么未来的你一定是一个无极高手——拈花一笑，坐看云起。

一段悲伤的插曲

水一

从我记事起,我就知道,我是一个只要站起来回答问题声音就会发抖并且细小的女孩。

所以我很早的时候,迷上了一本叫作《窗边的小豆豆》的书。这本书充分地满足了我对身边人和事物应有的幻想:一间可以包容我这个小小的、胆怯的女孩的教室,一个能倾听我说话的校长和一群与我相处的朋友,还有让人感兴趣的电车教室,有创意的中餐时间,自由选择的课程安排……

但是我对这本书,很长时间都有很大的抵触情绪。不是因为讨厌这本书的故事,而是我和它之间发生了阅读以外的故事。

小学四年级下学期,我已经在学校图书馆混得"风生水起"了。有一天,我在浏览书架的时候,突然看到了《窗边的小豆豆》。这本书我读小学二年级的时候看了,在怀旧心情的控制下,我把这个"老朋友"借了回来,只用了几天的时间又把它看完了。

我把书还回图书馆的第二天,一个同学告诉我图书室管理员正在找我。我走到图书馆,刚进办公室,管理员就把门关上,她拿出那本我昨天才还的《窗边的小豆豆》。书在我手里的时候我还没有发觉,拿在她手上时,我突然就看到了粉红色封面上的那条很整齐又很刺眼的割痕,还来不及震惊,我就惴惴不安地琢磨着她下一句要说什么。

果然,她开口了:"最后借走这本书的人是你,是你损坏的吗?"我急忙辩解:"我当时借书的时候还没有注意到这个刮痕,还回来的时候也没有印象,所以我就——"话还没说完,她就指了指边上的一个男同学，"那为什么人家知道告诉老师，就你不知道告诉老师呢？"她提出疑问。我心里酝酿了几个答案，但没有一个能够回答她的问题。她看我支吾了好久，也半晌没说话。我好不容易挤出来一句连贯的话："我真的没有想到要告诉老师。"我觉得此时此刻我就像一块被她盯得死死的肥肉，只要稍微动一下，她就会把我扔到锅里重新过一过火。但是她完全忽视了我想要表达的内容，反问我："为什么你要弄坏它呢？"我看着她的脸，不知道用什么词语形容她比较好，心里已经是把她毁坏成五官扭曲的样子了，委屈和难过占据了心尖，还爬上了鼻尖，我说："可是真的不是我干的啊，我为什么要把书给撕了呢？"她沉默了一下，看来真的没能找到我撕书的理由。

然而她又问了一遍："你为什么要撕书呢？"

我被问得无言以对，委屈、感伤，我犹豫了很久。

"就是我撕的，我故意撕的。"我低头，胡乱地编造着，不敢看她。她把那本书"砰"地丢到我面前，示意让我瞄一眼整整齐齐的划痕，说："撕得为什么这么整齐呢？"我感觉眼泪已经在我的眼眶里面转了好几个来回了，我说："我拿剪刀剪的。""为什么要拿剪刀剪呢？"她就像刚好找到突破口一样，不停地问我这个问题，直到问累了，她才一脸阴沉，威胁我说要告诉我的班主任，才把我放走。

桌上还放着那本《窗边的小豆豆》，但是我依旧不敢回头。回到教室时，我用书挡着脸，眼泪直往下淌。我的同桌问道："咦，水一你怎么啦？

15岁

你哭什么?"我丢下书冲到隔壁的卫生间去,闩上了门,无声地抽噎着。我打开水龙头,水哗啦啦响着,我感觉我的眼泪也滔滔流下来。我咬着牙,我发誓:"有一天,有一天,我一定要申冤,一定要申冤。"

从那以后,我再也没有去过我们学校的图书馆,而且一直到初二的时候才重新捧起《窗边的小豆豆》。再次翻开它的时候,有种饱经沧桑的情怀在我心中绽放开来,就像和一个朋友吵架之后很久都没有见面,某天又重拾了联系,还是一样亲切。

在看了加缪的《局外人》之后,开始我对主人公在监狱里麻木不仁的行为表示很厌恶,后来才想通,主人公的不反抗,说明他是一个真诚的人,就像我面对那个图书管理员一样,我再一次见到了我的软弱。

可是我也感谢我的这一次经历,它告诉我不分真相只凭推测去下结论是一个多么恐怖的事情,就像热播韩剧《匹诺曹》里说的一样,没有得到证实的结论就不是新闻,而是小道消息。我感受到了害怕,除此之外,这次经历也改变了我对《窗边的小豆豆》的看法。

这本书告诉我要坚持自己的道路,即使被别人的异样目光注视着,也要坚持。

这本书和我之间的故事也告诉我,不要为了给人让步,而丢失了自己的真实。

找一本情节生动曲折的书来看吧,也找一本与你发生过故事的书来看吧。

窗里窗外的故事

妈妈

2009年的一天,水一回来给我讲了一个故事:"有个名叫小豆豆的女孩行为非常奇特。一年级时上课要不停地打开合拢铅笔盒子,一节课竟然要开合60多次;上课离开座位,在教室里擅自走动;喜欢看窗外,看到有趣的街头艺人表演,大声喊叫,招呼他们到教室里表演;图画本总是嫌太小,作业本画不下她心中的画卷,常常把课桌涂鸦得'伤痕累累'……因为她调皮捣蛋,行为奇特,大家都叫她怪味豆。老师把她当作问题女孩,她被学校劝退并转了好几次学。后来她转到了巴学园,妈妈,你猜,她又被开除了吗?"她顿了顿,然后笑道,"若要知道结果,请看《窗边的小豆豆》。"小小年纪居然会吊妈妈的胃口了。带着好奇,妈妈翻看了《窗边的小豆豆》。

《窗边的小豆豆》被誉为20世纪最有影响力的作品之一,被译成33种文字行销全球,是日本销售量第一的书,作者黑柳彻子被评为日本最伟大的女性。小豆豆在巴学园里不仅没被开除,还快乐地学习,健康地生活。长大后,她把巴学园的成长经历写成了《窗边的小豆豆》,该书被日本、英国、美国等国家列为老师和中小学生必读的经典书籍。作者黑柳彻子就是巴学园创造的最伟大的教育奇迹。

法国著名作家安妮·弗朗索瓦在《读书年代》里曾写道:"书有两个生命,它们讲述自己的故事,也见证了我的生活。"

水一因借书产生的这段悲伤的插曲,她曾反反复复跟妈妈提过许多次,妈妈总是引导她淡而化之,笑而了之。今天读了她的文章,才知道作为一个 10 岁的孩子，那时她心里一定比窦娥还冤。如果岁月轮回到从前，妈妈一定要把她抱在怀里，仔细聆听她的诉说，帮她拭去眼泪，好好劝导她如何对待身边的不公和委屈。所幸岁月给了她答案：坚持自己的道路，即使被别人的异样目光注视着，也要坚持；不要为了给人让步，而丢失了自己的方向。

读《窗边的小豆豆》，水一还有更多的收获和感悟。读了书中《山的味道海的味道》那一章，触发了她的味蕾，激起了她的食欲，从此她不再挑食，开始享受各种美食带来的滋养，并且爱上了看美食杂志、图片及各种食谱。妈妈受她的感染和书的影响，写了一篇《山的味道海的味道》，在报纸上发表。

她第一时间在 QQ 空间发表点评表示祝贺。水一向往巴学园轻松快乐的学习氛围，常缠着妈妈给她讲我小学初中上学的故事。在孩子的督促下，妈妈写了一篇回忆中学时光的《青春成长三课》。写第一稿时，总是觉得不太好。水一在空间里即兴给我写了点评道："羡慕妈妈的青春时光，妈妈是'天地孕育出来的孩子'。"当看到"天地孕育出来的孩子"几个字眼时，妈妈一下就得到了启发，知道了文章该怎样改，改后果然出奇满意。谢谢宝贝给妈妈灵感，谢谢《窗边的小豆豆》一书给我们母女带来无限快乐的回忆。

山的味道海的味道

妈妈

在日本超级畅销书《窗边的小豆豆》里,巴学园的校长为了纠正孩子们挑食的毛病,特意把午餐定为"山的味道,海的味道"时间,要求每位妈妈为孩子带的中餐盒饭里面必须有山的味道和海的味道。

这样的午餐真是有趣味啊,孩子们一边吃饭,一边认识大自然的馈赠,什么是山上的东西,什么是海里的东西。山上的声音、海里的声音响成一片,妈妈们做的五颜六色的佳肴像花圃一样漂亮,美丽的佳肴深深刺激着孩子们的听觉、视觉、味觉、嗅觉。就像小豆豆第一次参加这样的午饭时间的感觉一样,整个过程充满了紧张,但是非常开心,"一切都让人高兴"!

也许我们每个人童年关于妈妈的味觉记忆就是妈妈亲手做的妈妈菜了,但那道菜是山的味道还是海的味道?在我的记忆里妈妈最拿手的菜是水煮石蛙。我想它应该是山的味道。

20世纪70年代末,爸爸妈妈微薄的工资难以支付我们家五姊妹青春期飞速成长的供给。爸爸为了给我们打牙祭,常常在夏夜上山捉石蛙。每到雷雨过后的夜晚,石蛙都喜欢跳出来在水涧边乘凉,黑乎乎的身体紧紧贴着石头,一动不动。爸爸总是穿一条肥大的雨裤,左手拿一根竹棍,右手拿一支手电筒,一般是晚上9点多钟上山,深夜3点多钟下山,到家的时候肥大的雨裤里装满了一只只石蛙,运气好的时候足足有20多斤重。

清晨醒来，阳光照在我的小脸上，鼻翼间飘浮着阵阵水煮石蛙的清香。我一骨碌爬下床，沿着香味飞快地奔向厨房。只见姐姐们都围在灶台旁边，眯着眼睛，伸长脖子，闻着石蛙飘逸出来的清香呢。见火候差不多了，妈妈站起身来，双手在围裙上擦一擦，掀开锅盖，但见石蛙黝黑的皮肤被煮得黏黏糊糊的，奶白色的汤"咕吱咕吱"地冒着气泡。妈妈撒点葱花，再放点盐，吆喝一声："出锅了，可以开饭啦！"瞬间孩子们就一窝蜂地从厨房跑到饭桌前。白花花的石蛙腿入口，肉质鲜嫩，甘怡丰美。一小会儿工夫，孩子们就一人衔着一根火柴棍似的石蛙腿骨头，嘴里"嘣脆嘣脆嘎答"作响，恨不得连骨头都吃下去。每个人的小嘴都油光发亮，牛皮糖似的紧绷。一顿饱食后，孩子们一个个像晨光中饱满的露珠，晶莹透亮活力十足，间或在地上打个滚翻个跟斗，连哈气都是石蛙的清香……嗯，是山的味道，美妙的一天就从这清香的味道开始了。

雨夜中父亲辛苦的劳作，晨光下母亲忙碌的身影，记忆里无以复加的山的味道，无论多么艰辛的岁月，父母都用他们的爱、勤劳和奉献把我们一口口喂饱，一餐餐养大，日复一日，年复一年。

12年前，当我初为人母，用天然乳汁哺育孩子时，我生平第一次感受到了为人母的幸福和一种爱的传递。4年前，当我第一次在厨房里手忙脚乱地学习做生平的第一道妈妈菜时，我更感到了家的责任和付出。从一个被妈妈捧在手心里的生活低能儿，蜕变成一个会做妈妈菜的能干婆，岁月见证了爱的传递和责任的担当。

慵懒的星期天早晨，怕惊醒甜梦中的宝贝和老公，蹑手蹑脚地起来给宝贝做一份爱心早餐。微雨的黄昏，走在去市场买菜的路上。菜市场虽说是个小市场却是一个大社会。在这里我学会了辨菜、砍价、识人等生活的本领。不过也有很感性的时候，比如遇到很可怜的老人卖小菜，一冲动就会买上一星期的量并且还不用找零。

　　柴米油盐酱醋茶，在一日三餐食材的采购里流淌着生活中许多结实的快乐：下班后穿过喧闹的街市，从小贩手里买一些山的味道放在竹篮里。绿色的蔬菜在夕阳的照耀下泛着绿光。回到家里，把它们一叶叶摘开来，一会儿油儿就会厉声尖叫，趁着快乐的气氛把蔬菜下了锅……不一会儿，山的味道、海的味道就像花圃一样摆到桌上，宝贝和妈妈托着腮帮在等待爸爸回家，妈妈脸上露出了幸福的微笑，她仿佛听到了宝贝和老公对她的厨艺精湛的赞美声……

　　幸福的一天就在山的味道、海的味道里浸润着、弥漫着，每餐、每天、一生都是这样。

重返阅读的快乐

水一

我对马尔克斯的兴趣，源于班上的一个文青。

她特别喜欢看书，平时课桌上面的课外书都多过上课要用的书，而且这些书都不算是我想象的那种青春少女爱看的言情小说，全部都是值得一看的好书。像卡夫卡的《变形记》，川端康成的《睡美人》这一类的经典文学作品，它们一排一排地躺在她脚边的整理箱里，让我这个自以为是的家伙好好地见了世面。

星期二的下午，语文老师出乎意料地给了我们一节课时间来读课外书。我还懵懵懂懂，想要确定信息的真实性，身边的人就已经把他们的书拿出来了。我环顾四周，准备找同学借书。这个时候，我的目光就自然而然地锁定在文青身上。她很明白我的意思，于是在那一堆书里选了一本拆开封皮的小说递给了我。我略微看了一眼，书名是——《霍乱时期的爱情》。

马尔克斯的小说写得好是毋庸置疑的事实，但是他的小说很难读懂，也是大家心知肚明的事情。我初三的阅读习惯很不好，甚至经常连一本简单的书都不能看完，这让我在很长时间都很低落，曾经引以为傲的读书能力一转眼就降低到幼儿时期的水平。所以这本《霍乱时期的爱情》就像一个烫手的山芋，我认为以我的阅读能力，是不能读懂并且喜欢上它的。

但是，当我把一个章节翻完之后，我的想法就变了。

为什么称马尔克斯为文豪，因为他的每一个文字都应用得很有分寸，代入感很强。所有的故事都在你眼前发生，所有的角色都有血有肉。让人震惊，能让我重新找到阅读快乐的作者，居然是让我想都不敢想的马尔克斯。

这本书我在一个星期之内看完了，在确定自己有时间的情况下，我决定攻克那本《百年孤独》，它以难懂闻名于世界，也以魔幻的情节闻名于世界。现在回想起当时看《百年孤独》这本书的情景，简直是历历在目。

我没有试图去找资料，很认真地把书里的每一个字都看清楚了，看得十分轻松，也十分理解作者的文思。

那一段时间我被里面的魔幻情节洗脑，觉得我生存的这个世界都是扭曲的，踏在地面上的脚也是软绵绵的，眼神也是虚幻的。

书里的情节围绕着何塞·阿尔卡蒂奥·布恩迪亚以及他的家族展开。

我能明白很多人为什么难以看懂，因为这里面所有的男性，要么是叫"奥雷里亚诺"，要么是叫"阿尔卡蒂奥"。所有的女性，要么是叫"阿玛兰旦"，要么是叫"乌尔苏拉"，或者是叫"蕾梅黛丝"。这个家族至少有六代子嗣，可所有人都只叫这六个名字中的一个，确实让人感到头大。

一本书里有太多的亮点，感觉从头到尾，每一个角落都有作者精心的铺垫，所以当最后的真相在眼前展开的时候，会有一种豁然开朗的情绪澎湃整个胸膛。

马尔克斯的写作基调以魔幻色彩为主，《百年孤独》是典型例子之一。

《百年孤独》不是我这个程度的文字能评价得出来的，尽管我对这本书的赞叹已经是最高的，但是我还是只能用贫瘠的文字不断不断地重复："写得太好了，太厉害了！"

《百年孤独》正是我现在应该看的。早一点我不能看懂，会迷失在那些复杂的文字里。晚一点时间看，就会错过有些本该早一点懂得的道理。

所以去阅读吧，用新星出版社的"午夜文库"系列的话来结尾："阅读之前，没有真相。"

不去读《百年孤独》，真是太可惜了。

生未百年,死不孤独

妈妈

2015年4月的一天,水一兴奋地向我报告:"妈妈,我发现新大陆了,我找到最喜欢的作家了,我知道了世界上最伟大的作品是哪部了。如果说我以前喜欢郭敬明、张爱玲的话,那么直到遇见他,我才知道什么叫伟大的经典之作,真是写得太好了,魔幻、怪诞、现实、虚幻、悬疑、华丽,唉,妈妈,那不是一句话能说清楚的。"

妈妈听了水一倒豆子似的播报,好奇地问:"你看的是哪部小说?"

"妈妈,你不知道吗?"

"不知道。"

"真的不知道?"

"你说说看。"

"就是《百年孤独》呀!"

妈妈不禁深深地看了她一眼,有些不相信高一的女儿居然能读懂这本书,她眼里闪烁的灼灼火焰,分明在强烈地证明,她又找到了同类结构的作品。她和马尔克斯有一种灵魂的交流,似曾相识燕归来。

《百年孤独》是妈妈的枕边书。那是2000年的夏天,每天睡觉之前,就看几页。由于书中内容庞杂,人物众多,尤其人名都是一样的,情节曲折离奇,再加上神话故事、宗教典故、民间传说以及作家独创的从未来的角度来回忆过去的新颖倒叙手法等等,令人眼花缭乱。"时间也会受挫折,遭遇障碍,仿佛落在了某一个房间,走也走不出。"就是这样子，每次翻开书页，如落入原始丛林，读着读着就分不清方向，找不到出口，又回到了原地，然后就昏昏欲睡了。

《生命最后的读书会》的作者威尔·瓦施尔贝曾写道："有很多书我一直想看，我把它们放在我的床头，甚至连出差的时候都带着，它们去过的地方可真是太多了，我真的好想看看这些书，才带着它们飞过千山万水，可最后我把其他的都看了个遍，只有自己带的这本书还是一直原封不动。"虽然《百年孤独》从2000年夏天起就一直是妈妈的枕边书，但它的待遇就如上所说，妈妈看了一个夏天，就是看不下去。

木心在《文学回忆录》里评论《百年孤独》："情节是荒诞的，象征是巧妙的，夸大是强度的，描写是真实的。"（陈丹青插话："去年有人送我《百年孤独》，怎么也看不下去。"木心："这本书讲讲可以，去读太闷热，我吃过墨西哥菜，太多了，吃不下。"）据说莫言读《百年孤独》读了个开头，才几页，就拍案而起，叫道："原来小说可以这样写。"莫言说："对于中国作家来说，马尔克斯和略萨就像两座灼热的高炉，我们都是冰块，一旦靠近就会蒸发掉。当年我们唯一的办法是要逃离它，找到自己的写作道路。"

为了激发妈妈重新阅读的兴趣，水一又给妈妈做了导读，它讲述的是布恩迪亚家族七代人的悲欢离合的命运。水一又详细地给妈妈描绘了家族里的人物关系图。书里面的魔幻怪诞水一曾在《哈利·波特》《龙族》里领略过。散落在全书四处的线索，如《名侦探柯南》似的吸引水一侦探破案，羊皮卷的预言和《红楼梦》十二金钗梦幻曲有异曲同工之妙，只不过《红楼梦》是写在开头，《百年孤独》的破译是在结尾。

为了能更好地阅读该书，妈妈又翻阅了大量的马尔克斯对中国新文学的影响，及其作品的相关背景的介绍。妈妈就不相信，一本15岁少女读得津津有味的书，居然被号称"老文青"的妈妈当作催眠曲，传出去岂不是笑话。

带着这样的心情，妈妈踏上了重新阅读《百年孤独》之旅。这一次，所有的谜团都在水一之前的导读中消失殆尽，妈妈花了两天时间，一口气阅读完。如书中所言，"生命真的很短暂啊"。一个夏天的兜兜转转，十几年的走走停停，在蓦然相遇的刹那，化作两天时间畅快淋漓的意醉神迷。

当合上书页的时候，我的耳边似乎又回响起《百年孤独》经典的句子："生命中曾经有过所有的灿烂，终究需要我们用寂寞来偿还。生命从来没有离开孤独而独立存在。无论是我们出生、我们成长、我们相爱、我们成功还是失败，直到最后的最后，孤独犹如影子存在于生命的一隅。"

布恩迪亚家族的历史，何其长？"不到一百年，就不该有人知道其中的含义。"人生何其短？孤独那么长，哪怕轮回复始，时空错乱，孤独永恒。

读《目送》念亲恩

水一

《目送》里最经典的一句话就是:"我慢慢地慢慢地了解到,所谓父女母子一场,只不过意味,你和他的缘分就是今生今世不断地在目送他的背影渐行渐远。"

我想这句话应该勾起了无数漂泊在外的游子的思乡之情。

我的妈妈每次看《目送》时,会不厌其烦地念龙应台和她妈妈之间的对话,因为龙妈晚年得了阿尔茨海默病,所有她俩的对话永远是不断重复的几句闲话。我总是还没有听完就会打断我妈说:"妈妈,这段话上次你念过的。"妈妈会用诧异的口气说道:"怎么会?我感觉这是第一次念。"然后妈妈就会叹口气说:"看来,我记性也不行了。"

这让我立马噤声。

没有哪一个子女希望看到自己的父母有一天什么都忘记了,甚至只能选取几个简单的词语来表达自己。

我尽量克制与父母之间的分歧,有时发生争执,可一看到他们头上的白发,我就会自责自己的不听话。

成功的速度要超过父母老去的速度。

我希望他们可以为我骄傲。

读"人生三书"交成长作业

妈妈

亲戚的女儿初为人母坐月子,我抱着鲜花去探视,手里还带有一本龙应台的《孩子你慢慢来》,这应该是给第一次当妈妈的人的最好礼物。

女儿同学的妈妈正在为孩子青春期的叛逆伤透脑筋,如果我是老师,我会给这位妈妈开一份书单,这份书单里一定有一本龙应台的《亲爱的安德烈》。

星期天在 SPA 馆做美容,和闺蜜有一搭没一搭地聊天,她在昏黄的灯光里突然幽幽地叹了一口气,伤感地说:"我父母的身体已经一天不如一天了,尤其是母亲得了阿尔茨海默病,经常吃饭的时候在家里扫地,睡觉找不到床,出门找不到家,还有一次走失的记录,家里只认得儿子,连我这个女儿也不认得了。我无法想象曾经能干健硕是家里顶梁柱的母亲,一晃就变得如此柔弱无力。"

我突然大声地叫道:"《目送》!"接着补充一句,"我推荐你去看一下龙应台的《目送》。"

作为书店的职业经理人,以上的三个场景确实是我近年来频频碰到的画面。我送出了无数本龙应台的"人生三书"。收到书的朋友往往看过一本后,又会到书店里买走另外两本。不仅送朋友,我还买回来一家人共读。

一个人可以左手是苏东坡,豪放天下情怀,右手是柳永,低吟浅唱儿女情肠。龙应台左右开弓聚焦大国、小家,协调平衡性不负

"华人一支笔"的美誉。

1984年，33岁的龙应台出版《野火集》抨击时弊，21天内再版24次，销售20万册，风靡台湾。《野火集》曾是20世纪80年代对台湾民主发展极具影响的一本书，余光中亲切地称龙应台为"龙卷风"。"龙卷风"以社会问题为主要议题，她针砭时事，鞭辟入里，冷峻犀利，文风透出男子理性气概。但大家不会想到，"龙卷风"过后也会下起江南感性细雨，她的"人生三书"温柔纤细，深情动人，女性情怀跃然纸上。

《孩子你慢慢来》，是她34岁初为人母后，历时7年写下的关于孩子的成长、母亲的幸福、儿童的教养方式等系列文章。

《亲爱的安德烈》是数封写给儿子的坦率得几乎痛楚的信。图书以爱为主题，关于自由启蒙思想、人生意义、文化艺术、人生经验等话题在母子之间的36封信件中一一得到解答，母子之间相处的尴尬和不适一一消融，母子关系更加亲密无间。

具有父母与子女双重身份的龙应台逐渐明了人世中亲情的牵绊，不仅是当下的感动，亦是渐行渐远的必经路程。

读到《孩子你慢慢来》时，女儿水一会缠着妈妈讲她小时候的故事。"妈妈，我小时候什么时候开始讲第一句话？什么时候开始走路？什么时候会识字的？"哎呀，她的问题会没完没了。

读到《高玩》那篇文章时，水一哈哈大笑，小朋友对自己身体和生命的好奇曾闹出很多有趣的笑话。水一回忆说："妈妈，我小时候看电视上打卫生巾的广告，总是纳闷，为什么那么大的姐姐还垫尿不湿？直到有一天看到生理方面的图画书才疑惑顿消。"

《亲爱的安德烈》中的36封信她全部读完了，她还在初二情绪低落的时候，特地给爸爸妈妈写了好几封交流的信件。

《目送》一书是我们母女读得最仔细的一本书，中间的很多章节妈妈常常给她大声诵读，尤其是龙妈妈和雨儿的对话，安德烈和妈妈关于吃鱼的对话，女儿教父亲走路的对话，等等。这些重复的、唠叨的、琐碎的，母女之间、母子之间、父女之间的对话，流淌着浓郁的生活气息和温暖的情意，读着读着就有一种时光流逝的伤感，有一种对失去亲人的怀念，就有一股热泪充盈眼眶，滚烫心间。

　　从咿呀学语，到蹒跚学步，从模仿大人举止，到拥有自己独立的思想和空间，在父母眼里生命从弱小走向强壮，父母与孩子之间关于爱和放手的话题是每一个父母应该要做的人生作业。

　　生命会从强壮走向衰老，在每一个孩子成长的人生旅程中，他们如何善待衰老的父母，妥帖安慰枯竭的心灵，坚强面对孤独的人生，正如日本著名漫画家宫崎骏曾说："人生就是一列开往坟墓的列车，路途上会有很多站，很难有人可以自始至终陪着走完。当陪你的人要下车时，即使不舍也要心存感激，然后挥手道别。"

　　有些路，那么长，只能一个人走。

字趣

水一

能抓住文字巧妙的细微变化，并且体味到文字带来的所有感受的人，才是最让人敬佩的。

屋檐下养着猪，这是"家"；玻璃窗上滴着水，那是"雨"。

有一份杂志的名字就叫"咬文嚼字"，专门探究日常生活和各大媒体经常用错的字词。

我语文基础知识较差，考试看到拼音、字形题目时总会吓出一身冷汗。因此，平日里自然不会用大好时光去"咬文嚼字"。而我在上语文课读着朱光潜的《咬文嚼字》这篇文章时，生出了一种亲切感。

大师不愧是大师。我在《水浒传》中领略的豪情和紧张感，朱光潜分析道：这是施耐庵咬文嚼字的效果。他谈完关于"你这"和"你是"这两种表达方式的不同之处后，我突然明白，为什么我读到武松在墙上写下"杀人者，打虎武松也"之后会有酣畅淋漓的快感。

文字能改变我们的视野，只有熟习文字的艺术，我们才能领略文字背后的意味深长。

老舍曾说，他写文章时总会用毛笔写书法，而且要写那种特别难写的字体，这样才能从中体会到单个文字带来的力量。我曾经以为一个字不能表达什么感情，但在《说"木叶"》里，林庚先生巧妙地让我看到水分的"叶"和干枯的"木"分别是什么样子的。艾米莉·狄金森说，文字煮沸，自有一种芬芳的味道。喜欢写美食的安房直子——哪怕仅仅是一个野鸡肉馅的星星状的馅饼，也能让人闻着香，给人以爱情的温暖和幸福。

只有诚挚热爱文字的人,才有资格咬文嚼字。文字对一个人的影响几乎是无穷无尽的。

爱上阅读爱上写作

以书相荐,怎能忘怀——致何同学的一封道歉信
水一

何同学:

告诉你一个晚到的秘密。

日子过得好快啊,距离我把所有事情真相告诉你已经过去了几个月。感觉心里卸下了负担,我没有以前那么想要回母校了,也没有那么狂热地想要来看你的激情了。

你说得对,没有人会永远站在一个追忆者的角度来观赏这个世界,我又不是普鲁斯特,犯不着为这二十一世纪谱写出新的《追忆逝水年华》。

我爱的人是我自己,自私地用痛苦来缠绕你,却没有尝到过真

真切切痛苦的味道。初三下学期爸爸妈妈看到我这惨不忍睹的成绩之后,"痛下杀手"帮我把每个晚上的时间都安排好了,每天深夜睡,早上六点起。我意识到原来我曾经花那么多时间做的我认为最重要的事情其实是那么一文不值,我在别人的眼里只是一粒沙尘,微小到消失后都不会有人发觉,然后才理解到你初一对我频频失望究竟是为什么了。初三的时候,我偶尔会在放学之后跟着你走向食堂或者寝室,因为你总是一个人。看着你的背影,不愿意认错的我终于知道,原来那个坐公交车都能坐错站的何某某,那个发言都不好意思会脸红的何某某早就在不知不觉间成为一个快要独当一面的"大人",一直很努力地向前进步,而我却一次又一次地触犯她的底线。

初中始终没能够和你和好,是我的莫大遗憾啊。我早就没有力气和你玩这种你追我赶的游戏了,我真的希望你能在每次说要接纳我的时候放下对我的防备,不要让我每次在看到你对我有所保留之后又激起我认为"我可能还会原谅你"的错觉。我想和你和好,想要一个仅仅作为朋友的你。第一封我给你发的邮件是在信息课上面写的,时间太匆促。第二次我给你发 QQ 信息,留言问你文理分科的事情,但是都没有收到你的回复。

我每次都要被这样华丽地打脸吗?!

从我们吵架开始,我至少和你说过十遍以上,我再也不来找你了,你爱怎样怎样吧。但是之后依旧会去找你,你不觉得很奇怪吗?你说我是你的地狱,总是故意埋没这段感情,把它当作一个隐藏的秘密不去看它。你真的感觉不到这种冰块一样的疼痛会时不时跳出来妨碍自己与别的事物的交流吗?我突然和你说这件事情,是因为看到了村上春树的一本书,书名是《没有色彩的多崎作和他的巡礼之年》,书里讲述了一个叫多崎作的中年男子寻找之前与自己好朋友吵架的原因。他们比我们更严重，已经吵了 10 年了。多崎作的女朋友过于睿智，一眼就看出来多崎作在讲述这段友情时所透露出的不自然，让他主动去寻找他的朋友们，看看这愈合的伤口表面下是否还不断流动着鲜血。他去了，所以我也"去"了。

　　说起来很好笑，这本书是我们共同的同学谢某某的小学同学彭某某推荐给我的。谢某某的小学同学，是我现在的同学彭某某，这世界可真小啊。

　　人若真的受伤，通常会无法直视伤口，想隐藏它忘却它，把心门关起来。这是一个成长的故事。要成长，伤痛就得大一点，伤口就得深一点。这是村上春树说的。

　　这就是我想告诉你的，也是要和好的理由。又或许我的判断是错的，可能你早就从这段狗血情节故事中解脱出来。我也想解脱出来，所以能不能拜托你，帮帮我，无论什么时候都好。

　　你做一个主观唯心主义者吧，想到我的时候我就存在，不想到我的时候我就不存在。

　　我打算睡觉了。

　　你可以继续视我的邮件为空气。

　　我很期待能和你正常讲话，我亲爱的何某某。

　　再者，我真没抱任何目的。

　　祝学习进步！

水一

我的自画像

水一

其实我生来腼腆。

很小很小的时候,我骑在爸爸的肩头,目光越过人山人海,直直地抵达我最想看到的东西。

上幼儿园,我想爸爸妈妈想得难过,所以他们走了以后我总是哭得天昏地暗。

开始上小学,老师从来不让我站起来回答问题,因为我总是怯怯懦懦的,不敢说话。

四年级到了长沙以后,我想着尽量帮妈妈做一些力所能及的事情,可是遇到陌生的人,脸还会涨得通红。

其实我也有很多喜欢的东西,只是我害怕在其他人面前表现出来。

很小很小的时候,我对妈妈说我要学钢琴,妈妈很郑重地和我说:"学了就一定要坚持下去,不能放弃。"我点点头,几乎每天都坐在琴椅上对着钢琴苦战半个小时。

等我稍微长大一点的时候,我知道了匹诺曹会自由伸缩鼻子,我知道了白雪公主与王子美好的故事,我也知道了拇指姑娘小小的身体可能蜷缩在我身边任何一朵花中。

我曾有幻想霍格沃兹魔法学校的校长邓布利多会给我寄来一封信,让我和哈利·波特一样,带上分院帽,到一个我喜欢的地方学习魔法。

12岁那一年,没有收到任何信件的我感到比较灰心,却在阅读里找到了我自己。

其实我也很想为自己喜欢的目标而奋斗，而改变自己。

很小很小的时候，妈妈开始教我学英语，我已经记不清学习的情形了，只想得起大致的故事。但妈妈可以在外人面前说："我们家宝宝1岁半就会读英语了，很了不起吧！"这一定是能让她感到骄傲的。

等我稍微长大一点的时候，看到爸爸的面容，我在睡眼蒙眬中轻轻念着唐诗三百首，并不懂什么，只是结结巴巴地背下来，第二天早上就忘了，却还是感到开心，因为爸爸教了我一个晚上，并没有白费。

开始上小学，父母为我背上新书包，告诉我这是决定我命运的开始。我不想让他们失望，虽然不算学得很厉害的那种，但是期末考试居然也排进了前三。

我离开家乡时，奶奶在离别前闪烁着的泪光，我想我会一辈子记得的。

其实我也很坏，最主要的是喜欢撒谎。

很小很小的时候，我被妈妈要求在家里做试卷，可是做到一半就溜出去玩了。妈妈打电话来我还狡辩说我做完了，结果被罚做了一天的试卷。

等我稍微长大一点的时候，我不想练琴，说我已经弹了，可是谎言被戳破的那刻，我才意识到严重性。

我现在发现，我已经不要父亲的肩膀，就能看到很多地方。

我现在发现，以前胆小的我现在已经可以在众目睽睽之下唱出一首歌。

我现在发现，我的阅读界限已经不止那些，我更会写作文了。

在成长的过程中，我也发现我的父母开始逐渐老去，他们的双手也没有那么有力，他们的目光也远远没有那么犀利。

我也逐渐发现，我正在成长。

而我所做的，就是要在将来能照顾我在乎的人。

水一阅读书单

《苏菲的世界》　　《做最好的自己》　　《渴望生活》

《人类的群星闪耀时》　　《曾国藩》(上中下)　　《贝多芬传》

《居里夫人传》　　《没有色彩的多崎作和他的巡礼之年》

《做饭》　　《目送》　　《孩子你慢慢来》　　《亲爱的安德烈》

《背包十年》　　《看见》　　《小王子》　　《道德经》

《青花里的乡愁》　　《人间词话七讲》　　《霍乱时期的爱情》

《百年孤独》　　《雪国》　　《河童》　　《嫌疑人X的献身》

《十角馆》　　《瓦尔登湖》

16 岁
爱情阅读成长课

  打开书本,千姿百态的爱情故事扑面而来。水一情窦初开之时,妈妈并没有对她读爱情小说进行限制,而是给她推荐了一系列爱情经典名著。让孩子阅读爱情小说,引导他们正确对待青春期的情感萌动,形成正确的爱情婚姻观,是青春成长中不可或缺的阅读课。张爱玲曾说:"先读到情爱小说,后知道爱;我们对于生活的体验往往是第二轮的。"然而,水一却在书本里活脱脱地跟着主人公经历了爱情的美好,感受爱情的哀怨,领悟爱情和婚姻的真谛。
  最美爱情婚姻应该像《我们仨》里钱锺书和杨绛的一样:顷刻相拥,一世封存。读过、爱过、写过,16岁的水一,阅读爱情,从容面对青春的美好萌动。

爱情是轰轰烈烈还是平平淡淡

水一

《倾城之恋》讲述了范柳原和白流苏的故事。一个是离婚八九年的女人，一个是身世坎坷的男人。两个痛苦相爱的人最终在一起。这个故事让人分不清到底是悲剧还是喜剧。

张爱玲对人物的描写深刻细腻。她通过世俗把一个人的本性暴露出来——危难时刻爱逃跑的德性，在受人供奉时刁钻不改的丑恶。

在他人眼里，淫荡没有节操的白流苏和风流成性的范柳原不可能走在一起的，而事实证明他们错了。一个人越想得到另外一个人爱的时候，就越会试探，越会像范柳原那样勾引一个公主想气白流苏；一个人越想和另一个人厮守终生的时候，就越不敢承认，越会像白流苏那样，宁愿相信自己是幻想而不相信范柳原真的爱她。

现实生活中，往往那些曾经爱得最深的人不会在一起，因为他们爱猜想，爱放出自己为爱人展现的刺。人是趋利避害的物种，就是自己太爱，所以怕被欺骗，怕承受不了所以才离开。

张爱玲在对未来的自己进行预测，当她遇上胡兰成的时刻，这个预见才被打开。就是因为她提早看见了这种人的情路坎坷，她才会在胡兰成又爱上别人时才故作镇静地离开。

爱一个人不是轰轰烈烈而是细水长流，是坚定的守护和等待，而不是勇猛的追求。

看张——一口爱情深井

妈妈

张爱玲被称为现代言情小说的开山鼻祖。她有着贵族的血统，天才般青春绽放的才华，滚滚红尘般的恋情，戛然而止的婚姻，36岁再婚，晚年独居，一个人孤独终老，死后一个星期才被人发现。她的一生，比小说还生动，比戏剧还传奇。

张迷们在阅读她的小说时，总会忍不住关注她的爱情和婚姻，她的书里书外有着挖掘不尽的八卦和新闻。魏小河在《独立日1》中，开出了一张八卦张爱玲必备书单：《小团圆》（张爱玲著），《今生今世》（胡兰成著），《张爱玲私语录》（张爱玲、宋淇、宋邝文美著），《张爱玲庄信正通信集》（张爱玲、庄信正著），《长镜头下的张爱玲》（苏伟贞著），《张爱玲城市地图》（淳子著），《张爱玲给我的信件》（夏志清编著），《张爱玲》（余斌著），《我的姐姐张爱玲》（张子静著）。这份书单，对张迷来说，一定是一种慰藉。

不禁想起了她在《传奇》再版时写的序言："我要我最喜欢的蓝绿的封面给报摊上开一扇夜蓝的小窗户，人们可以在窗口上看月亮、看热闹。我要问报贩，装出不相干的样子：销路还好吗？——太贵了，这么贵，真还有人买吗？"张爱玲若泉下有知，一定还是会很高兴，几十年过去了，她的作品以及有关她的书的评论书籍还在畅销。

青春年少的我就是那个在窗口上看月亮、看热闹的人。一度迷恋张爱玲的文章，阅尽她的所有作品，甚至把她的散文集全部抄了一遍。若干年后自己写文章，写着写着，张爱玲的语句便会冷不丁地冒出来。

她是一口爱情的深井。这口井里有她自编自导的滚滚红尘的爱情悲剧电影，她身陷其中，赔上了自己一生的幸福。

这口井里还有她笔下无数的哀怨动人的爱情故事：《倾城之恋》的生死恋，《红玫瑰与白玫瑰》的婚外恋，《心经》畸形的父女恋，《金锁记》的叔嫂恋，阴差阳错的《半生缘》……

这口井更是现代爱情各式脚本的源泉和灵感的来源，她开启了若干作家写作的新路径。

她与胡兰成的爱情，从"噢，原来你也在这里吗"的惊异中开始，在"执子之手""与子成说"的美好中结合，在"我从此只有萎谢"的哀怨中谢幕。

胡兰成第一次读她的《封锁》，才看了第一二节，不觉身子就坐直了。他写道："她的文章人人爱，好像看灯市，我与他们一样面对人世的美好，可是只有我惊动，要闻鸡起舞。"胡兰成对张爱玲文学才华的欣赏，仿佛一种前世的情缘。

她在送给他的照片后面写上："见了他，她变得很低很低，低到尘埃里，但她心里是欢喜的，从尘埃里开出花来。"在张爱玲看来，爱情就是文学，爱情与价值观人生观都无关，她居然对胡兰成已婚、多情乱情这样的事情统统视若无睹。她曾写道："女人一旦爱上一个男人，如赐予女人的一杯毒酒，心甘情愿地以一种最美的姿势一饮而尽，一切的心都交了出去，生死度外！"

爱玲对这段感情那么投入、那么勇敢。她要灵魂里的欣赏和懂得，她要男的废了耕，女的弃了织，她要岁月静好、现世安稳地相守到老……她浓烈的爱情和骤然绽放的文学才华，倘若遇见一个对的人，也许成就的就是一段佳话。然而我们看到的却是爱玲昙花般萎谢了。胡兰成这个飘如浮萍的浪子，给不了她忠贞，给不了她家国。历经沧桑后，爱玲对爱情写下如此感悟："爱情本来并不复杂，来来去去不过三个字，不是'我爱你,我恨你'，便是'对不起,算了吧'！"

就像《倾城之恋》中月亮下范柳原对白流苏柔声道："有些傻话，不仅要背着别人说，还得背着自己说。自己听着也怪难为情的，比如说：我爱你，一辈子都爱你。"

就像《红玫瑰与白玫瑰》里的文字："也许每一个男子全都有过这样的两个女人，至少两个。娶了红玫瑰，久而久之，红的变了墙上的一抹蚊子血，白的还是'床前明月光'；娶了白玫瑰，白的便是衣服上沾的一粒饭黏子，红的却是心口上一颗朱砂痣。"这样的话语成了玩婚外情男人的经典台词。

就像《心经》里有恋父情结的女儿对父亲的告白："我是一生一世不打算离开你的。有一天我老了，人家都要说：她为什么不结婚？她根本没有过结婚的机会！没有人爱过她！谁都这样想——兴许连你也会这样想。我不能不防到这一天，所以我要你记得这所有。"畸形的爱情，疯狂得叫人害怕。

就像《半生缘》里男主对女主的对白："我要你知道，在这个世界上总有一个人是等着你的，不管在什么时候，不管在什么地方，反正你知道，总有这么个人。"是念念不忘，必有回响么？

"三十年的月亮早已沉下去了，三十年前的人早已死了，但三十年的故事还没完——完不了。"斯人已逝，二十年弹指一挥间，然而她笔下永恒的爱情故事，爱情对白，爱情感悟仍然那么直抵人心，随便插入现实恋爱的男女对白，总是那么妥帖，如何叫人不喜欢？

爱的归来

水一

冬天是一个昏昏欲睡的季节，刚结束期末考试的我和同桌在教室里心不在焉地听着试卷讲评，一颗心早就飞向了对寒假的美妙幻想中。同桌的抽屉里有一本深绿色封面的书，前不久在班上的很多角落看到它的身影。

我忍不住去拿它——《陆犯焉识》。初二那年冬天，正值张艺谋导演的《归来》上映，父母筹划了好久说要带我去看，但还是因为种种原因被搁置了。不过我的记忆里还有这部电影的名字，也知道它就是由《陆犯焉识》改编而来的。

"你真的要看这本书吗？"在同桌那"暧昧不清"的话语里，我感觉她话中有话，她接着说，"拿起这本书，你就放不下了。"事实证明她是对的，翻开这本书的第一页，我便置身在那似乎每分每秒都处于寒冷冬天的青藏地区，在这片广阔没有边界的土地上，看到了那个长得像知识分子，穿戴像知识分子，也确实是个知识分子的陆焉识。他被脚镣死死锁住，眯着眼在一个冰天雪地的世界与我对望。我无力为他做什么。

陆焉识是一个需要女人的男人，除了家中自己的妻子，还与自己的后妈有所纠缠，他在外面还有多个女子。他有一张迷倒万人的脸，有一个思辨迅速的头脑，还有一肚子的学问。这样的男人只凭借酒席上一阵短暂的交谈就可以倾倒众生，就有很多女人愿意向他靠拢。这也难怪冯婉喻——陆焉识的妻子会如此执着地爱着陆焉识，即使他的生活里没有自己的出现，她也愿意守候他，一直等他的回头。

就在陆焉识开始有所觉悟，开始体会到冯婉喻对他无限的包容，并且想要为此做出回报的时候，坏消息传来了，在那个爱搞阶级斗争的年代，陆焉识因为一篇文章里的一处错误被宣布为要打倒的对象。他被送进监狱，下放到青藏地区劳改。这时他与冯婉喻已经有了两个孩子，在不该离开的时候，他离开了。

被送进监狱后，冯婉喻还是一如既往地等着他，两人还经常通信。落难的陆焉识真正意识到冯婉喻才是那个最爱他的人。他终于开始爱上冯婉喻，爱上那个为他可以不顾一切的女人，他也终于有了对家的觉悟，虽然这份觉悟来得稍稍有些迟了。

他为了看自己小女儿拍的电影，用尽全部力气，戴着那沉重的脚镣在厚重的雪堆里跋涉，尽管到电影放映场的时候那部电影已经结束了，只看到自己女儿的一个画面。但为了这个画面，他感动得热泪盈眶。他为了回去见那么多年等待自己的冯婉喻，精心策划了一个逃狱计划，躲过了通缉围捕，曲折回到了上海，回到了婉喻的家，远远地望见了婉喻，但最终退却放弃了，他终于还是去自首，为的是保护婉喻及其家人不受伤害。"喜欢就是放肆，而爱却是克制"，逐渐懂得了爱是什么样，陆焉识才会在这个即将相见的时候愈发地害怕和勇敢。

多年后，他出狱归来，他已经老了，那最初的年少气盛已经不再残留了，他一心只想见到自己的冯婉喻。可是冯婉喻失忆了。

原本我以为陆焉识知道这个消息时会无法自持，可经过了这么多年的等待，他理解冯婉喻曾经望着他的背影时的心情，他开始真正地去爱。尽管被自己的子女怨恨，被现在失去记忆的冯婉喻不断排挤，他还是在努力朝着他们靠近。

"大概就是这样。"我仿佛听到陆焉识沉痛地把自己的生命复述给我之后如此说道。冯婉喻死去了，我不知道冯婉喻最终有没有想起眼前的这个人正是陆焉识，但我知道为了曾经爱过自己的人受委屈，等待多久都是值得的。用力去爱，用一辈子生命去等待，也不枉费。

归去来兮，田园荒芜，老友将无？不会的。我相信终有一天，爱我的人依旧爱我，爱过我的人也能重新爱上我。

加缪印象之背叛？堕落？

水一

初识加缪是因为《鼠疫》，但有些遗憾，可能我不喜欢那个版本的翻译，读到一半便放弃了。之后偶然见到了加缪的《局外人》，为了装一装文艺，我将它买了回来，但是和《鼠疫》不同，我读得很快，被里面的情节深深吸引住。《局外人》是加缪的处女作，从此，我真正开始认识这位天才作家。

最近又看了加缪的《堕落》。《堕落》是他40岁后的作品。这本书没有情节，无论从第几页翻起都是在讲述人生哲理问题。书的主人公一直到最后，我都没有能知道他叫作什么。他一直在对别人进行自我剖析，神经质、自大、十分啰唆。他是一个社会知名人士，没有人知道他的内心有多么阴暗、多么违背正常人的想法。虽然他乐于助人，将精力投入到大大小小的慈善捐助中，但在看到他人的不幸时，他的灵魂却在叫好，却在欢呼雀跃；虽然他作为律师在不停地为罪犯辩护，为清白人伸张冤屈，并且极为痛恨法官非人道的审判，但他只是乐于为真正的罪犯谋取减刑，而他也很想站在法官的位置上体验审判的快感。

主人公把这些罪恶的想法毫不避讳地透露给书中聆听他讲话的那位人，并且痛恨地指出这是根植在每个人灵魂深处的劣习——在正气凛然的外在表现上有着无比小人物的心性。

加缪的每部作品都在不断抨击那些自称正义的人。这个作家是为了什么呢？沿着他的人生轨迹我们或许能发现点什么。

加缪年轻时与一个绝美女子相爱了，她叫西莫娜。加缪凭借自己不凡的长相和非凡的文学才华赢得了西莫娜的芳心。西莫娜14

岁开始，因痛经疾患打吗啡止疼而染上毒瘾，西莫娜如实地告诉了加缪，加缪毅然决然地和她走进了婚姻的殿堂。加缪坚信伟大的爱情可以拯救一切。

某日加缪手拿着几朵白玫瑰回到家中，发现西莫娜正在与自己的私人医生在床上打滚，婚姻和感情如此幸福的他不敢相信眼前的事实。即便如此，他依旧冷静地询问妻子为什么做出这个行为，更让加缪震惊的是：为了不让加缪负担吗啡昂贵的费用，她只好勾引自己的医生，以此来缓解毒瘾的发作，她所做的只是因为医生有吗啡。为了爱情和婚姻，加缪保证他可以为她买到吗啡，但不准她再跟医生见面。

面对加缪的宽容，西莫娜是感动的。但这样妥协的爱对一个毒瘾患者来说无疑是另一种放纵。西莫娜的毒瘾就像一个无底洞，加缪拼命写作，拼命赚稿费，耗尽了自己所有的存款，也无力负担购买毒品的毒资。为了不再伤害加缪，西莫娜提出了离婚。很快，她就和私人医生结了婚，后来她又嫁给了一个当地的富商，到最后堕落成街头妓女。

"日暮东风怨啼鸟，落花犹似坠楼人。"他眼睁睁看着自己的妻子从天使变成魔鬼，从此，他美好的爱情如坠楼人一样，香消玉殒。他在日记中写道："山茶花压垮我们的桌子，提醒我们，梦中的春天与恐惧的死亡是相当的。我们是谁，我是相信这一切的人吗？"

为了忘掉西莫娜，他疯狂地与不同的女人约会，激情似火的西班牙女郎玛利亚、善良的弗兰辛、富有才华的美国宝贝帕特里西亚·布雷克、丹麦女子咪丽……他与姑娘们缠绵，却在她们即将爱上他时狠心离开。与其说他是滥情，倒不如说他是在报复背叛的妻子。他遭遇的情伤和后来感情生活荒诞的经历，为他的创作提供了取之不尽的灵感和素材。他的文学创作一发不可收拾，他写了很多小说，并且广受好评，年仅 44 岁便获得了诺贝尔文学奖。

　　不幸的是，47 岁时他在法国的一条高速公路上出了车祸，撞死在路边的一棵柏树上，还没有到知天命的年龄，就匆匆地离开了这个世界。《纽约时报》发表评论说："加缪在荒诞的车祸中丧生，实属辛辣的哲学讽刺。"

　　我仿佛看到，在他离世的前两天，那个写小说带着浓厚的讽刺笔调，拥有一张标准帅大叔的脸，在昏黄的灯光下叼着香烟，用手中的笔流畅地写出优秀的句子的加缪，眉头紧皱，双眼迷离。

　　那一晚，他曾同时写了四份情书给四个女人，让她们等他回巴黎。这成了他滥情的耻辱和明证。

　　然而在他随身带的日记本的最后一页这样写道："我所热爱和忠实的第一个人逃离了我，因为毒品，因为背叛。许多事情都源于此，源于空虚，源于对更深刻痛苦的恐惧，反过来，我逃离了所有人，从某种程度上来说，我想要所有人逃离我。"谁又了解加缪是在用荒诞的滥情竭力去证明他对他终身挚爱的妻子西莫娜的美好爱情。

　　可能加缪笔下堕落的主角就是他自己也说不定。人啊，一半是天使，一半是魔鬼。

一书一世界

水一

《礼拜二午睡时刻》这本书里一共有八个故事，可以很坦然地说——我一个也没有看懂。

虽然一个都没有看懂，但莫名地，我觉得这本书很打动人，不仅仅是情节打动人，书里富有生活气息的人，让我感觉到平静，像我上小学时总会经过一条卖早餐的巷子，我边在豆浆的清香里醒来，边在一阵阵吆喝和叫卖声中走向新的一天。

我后来在网上搜索了一下，这本书很多情节都在讽刺拉丁美洲的现状，讽刺那里的人们没有独立的人格意识，赞扬了伟大的母爱。我是第一次认识到，马尔克斯也会写这样的故事，把批评和失望完美地融入自己讲述的情节里。

这本书的主题我没有完整地理解，就像看《局外人》的时候，我一直为主人公的软弱和麻木而生气，后来我才知道加缪写出这个角色是为了赞扬他诚实的一面，不会为了情势而矫揉造作地博取他人的同情。

我之前听说，马尔克斯写《百年孤独》之前，他的很多书里就出现了《百年孤独》的原型。《礼拜二午睡时刻》里的故事发生在一座叫作马孔多的城市，这座城市后来在《百年孤独》里被飓风刮走了。奥雷里亚诺·布恩迪亚上校和他的弟弟何塞·阿尔卡蒂奥也都出现在了《礼拜二午睡时刻》里。

这种感觉很好，像是我和马尔克斯共享了一个秘密。

读他的书有一个感觉，只要投身其中，你就仿佛也到了一座热带城市，感受到空气中独特的味道，会像在一个没有方向没有尽头的森林里跋涉。虽然很辛苦，但走出来的那一刻，会感到快乐无比。

　　在《礼拜二午睡时刻》里，小女孩和母亲坐的三等车厢里有三个人，我、小女孩和母亲。

　　在《巴尔塔萨午后奇遇》里，当巴尔塔萨为自己美好的想象而举杯时，我也在混杂的人群里眯着眼，仔细地观察着他。

　　一本书就是一个世界。

　　看到什么，是你自己决定的。

水之灵动山之质朴

水一

第一次看《边城》是在小学。爸爸和妈妈都是文艺青年，两个人经常忽视我的年龄给我推荐好书。虽然我也在心里默默吐槽过："我真的不认识那么多难的字啊！我真的看不懂那么复杂的情节啊。"但是没有什么用，在书店工作的妈妈没空管我时，就把我往书店里扔（没错，就是"扔"）。

除此之外，家里有一大面墙都是书，在我儿时的记忆里，那些书都是大部头的工具书、历史书、中外名著，诸如《辞海》《辞源》《二十四史》《莎士比亚全集》《悲惨世界》《约翰·克利斯朵夫》《战争与和平》《追忆似水年华》等。

某个黄昏，爸爸打开书柜，抽出一本看上去很旧的封面是白色的书，本以为他自己要看，结果他意外地递给了我，说："我下午要出去采访，你看一下这本书怎么样？""边城"两个字跃入了我的眼帘，被名字吸引的我马上接受了爸爸的提议。

我没有手不释卷，但也没有放弃看完这本书的念头。

不得不说，对于只有 10 岁的我，这本书里面的有些内容是有点晦涩的，但我也记下了主要的人物：善良单纯的翠翠、质朴的爷爷、重情重义的傩送、专一的天保，以及忠诚的黄狗。

读这本书让人感到宁静，不同于村上春树书里所思考的人生哲学般的宁静，也不是读马尔克斯那种在炎热的浓密的雨林之中行走时伴随的沉寂，更不是《哈利·波特》系列里面喧闹但最后平复伤痛时感到的平和。

　　翠翠生活的村子是慢节奏的，干净的村子、淳朴的民风，就算有人得不到自己心爱的东西，也不会有可怕狠毒的争斗。你仿佛能从书页的油墨香里嗅出沁人心脾的清新的空气，看到如画的青山绿水，听到飘过的笛音抑或是爷爷行船时的吆喝声。沱江的水深邃悠长，养育着纤夫、婆娘、娼妓，还有绿如水的纯洁的翠翠。

　　前不久读到黄永玉写的《沈从文与我》和张新颖著《沈从文和他的后半生》，进一步了解了沈从文从边城走向世界的一生：少年命运曲折，青年时对文学孜孜以求，中年经历抗战烟火，晚年遭受"文革"的折磨。作家的作品就是他的人格、情操、心灵的再现，尽管命运颠来倒去，但他对文学的初心还是如他笔下的翠翠一样自然、清纯、灵动，哪怕被剥夺了从事文学创作的权利，他亦把对文学的滚烫热情拿去"烘烤"文物。我们也许失去了好的文学作品，但文物界却新生出一个文物考古专家。沈从文的墓碑上写着："不折不从，亦慈亦让，星斗其文，赤子其人。""从文让人"折射出他低调谦和的人格品质和璀璨光芒的文学才华。

　　"这个人也许永远不回来了，也许明天回来。"

　　这样优美又有价值的文字也许永远不回来了。

　　也许明天回来。

回味"美食"

水一

读美食散文,能让阅读的人感到饥饿。

我记得小时候学过一篇课文《金色的鱼钩》,讲的是红军长征过草地时的故事。文中对班长一个人偷偷吃剩下的鱼骨头的细节写得十分传神。我喜欢吃鱼就是从那次阅读开始的。

最近读了汪曾祺《做饭》一书,里面写吃羊肉。看着看着,我就听到肚子咕咕叫的声音了。羊肉,我很早就喜欢吃了,尤其喜欢吃正宗的蒙古风味羊肉。

作为一个吃货,我挺爱看食谱书的,但是那并不好读,因为文字太枯燥,如"食盐3勺""鸡肉500克"。这种食谱书像化学实验,写不出食物的美味,只有图片可以唤起我们的食欲。汪曾祺《做饭》用文字描述画面,《舌尖上的中国》用画面呼应文字。

80后作家安东尼写食物却是另外一种风味。在《安森致物》里他写的文字很美,很触动人心,他把这种写法带到了写《安森厨房》的食谱书里来。《安森厨房》里的文字很贴心,还会提醒烧到头发这种小事。如果说郭敬明的文章是"精致的病句",那安东尼的则是"无羁的狂放"。

我想起来我小时候因为喜欢吃猪肝,眼睛闪亮闪亮的。因为父母有轻度脂肪肝,我包揽了家里的鸡肝、鸭肝、鸽子肝。妈妈甚至说,我的眼睛又大又圆明亮有神,是因为怀我的时候,特别喜欢吃"永州喝螺"。阿连德《感官回忆录》里写道:"一切记忆都可以循着官能的路径回返。"比如一口热乎乎血稠稠的永州血鸭吃进嘴里,舌头即刻踏上漫漫回乡路……我们对味道的记忆,不仅是对美食的向往,还应该是对家人的回忆和对故乡的怀念吧。

爱上阅读爱上写作

自由的灵魂绽放光彩

水一

我看到大李的成果，他的科技创新带动了世界的发展，他的头脑闪烁着星星般明亮的智慧，他为人们带来了便利，我赞扬他。

我凝视老王的背影，他倾尽心血将自己的那顶不起眼的手艺发扬光大，用自己的精神证明了只要努力，就可以赢得荣誉，我认同他。

当别的年轻人在职场里沉浮时，小刘翻越一座座高耸入云的山，蹚过一条条碧涛翻滚的江河，只为记住这不可多得的美景，为人们展示多年之后也许不会再见的秀丽山川。

现代忙碌的生活里，谁能做到坚持自己喜爱的事物，自由而又无拘束？在别人投递简历忙上忙下时，你能忍住害怕自己找不到工作的念头？在外界的种种压力下，你能永远追寻那颗自由的心而不轻言放弃吗？

著名作家卡夫卡读书的时候，他父亲要求他学习法律。卡夫卡虽然热爱文学，但父亲对他施加的压力实在是太大了，他无法承担，只能顺从。他在痛苦和害怕中创作出了很多作品，但他注定永远无法逃脱父亲为他准备的枷锁，一直为自己喜爱的事物感到心虚。

现代社会忙碌得多，但小刘却像是世间的那个流浪之人，他向往着美，向往着发现，向往着把他的所见所闻分享给更多的人欣赏。

努力工作，醉心于研究的人固然可贵，刻苦劳动奉献他人的人，也实属不易，可是，灵魂自由不属于烦琐，眼界广阔不困于当下，这样桀骜不驯的人终难找到了。

小刘不像我们一样活，他有自己的活法，他的目光可以纵横过去和将来，因为他看过那么多历史，那么多人文风情，更明白感恩与分享。

人要爱自己所干的事情才能干好，现在又有多少在岗位上碌碌庸庸的人。人要看到自由才能发挥能力，现在又有多少人处在动弹不得的悲惨境地。

爱自己所爱的，做自己所爱的，这才是最好的生活，对小刘风采的赞美，他当之无愧。

鸣人，请等我长大

水一

日本的热血漫画我喜欢看，《火影忍者》《死神》《海贼王》《家庭教师》……里面充满了振奋人心的台词、故事。我最喜欢的还是《火影忍者》，其中一个原因是，我和主人公是一个星座的。

我看着主人公从开始的弱小最终变成第七代火影。

漩涡鸣人的父亲是木叶村的火影，当时最强的忍者之一，他在与邪恶尾兽九尾的对抗中死去,临死前把九尾的查克拉(类似于魔力值的东西)还有九尾一并封印在鸣人的体内。从此以后,鸣人成为一个孤儿,在村里被大家当作是邪恶的象征。但在无数的挫折里,他从来没有放弃,一点点被大家认可。他从一个胆小的人,变成了一个为了伙伴可以舍弃性命的忍者;他从一个莽撞的小孩,变成了一场场战争的核心。他是"漩涡"一族,有着源源不绝的查克拉,但他体内的九尾不断地企图控制他的身体,不断拉扯他的灵魂,他要有多强大的意志才能控制住比他修行高的尾兽,他要有多善良的心,才能感化一个已经成魔的怪物!

他说:"我要当一个火影,保护我的村子。"他是在所有人厌恶的眼光里生活但从不放弃希望的人,濒临死亡还想守护最重要的东西。他身上有太多我需要学习的品质,不放弃,坚守梦想,努力训练……

这部动漫不止告诉了我这些。

当鼬以一个哥哥而不是一个天才的身份站在弟弟佐助的面前,告诉佐助不要被仇恨蒙蔽双眼,不要把复仇当作人生唯一的希望,并且把自己所有的忍术都传递给佐助而自己却死去的时候,我看到了一个哥哥的伟大。

当卡卡西每次为自己的伙伴战死而痛哭的时候,我看到了一个忍者对伙伴的尊重,我明白了伙伴是何等重要的存在。

我们都在为了梦想而努力着,可是我们中的很多人又都在日复一日的时间中丧失了信心,什么时候我们才能像鸣人一样,敢于面对挫败,敢于接受失去,敢于不向现实低头呢?

我会像鸣人一样不忘记自己背负的,不放弃所拥有的,保护每一个想要保护的人。

我觉得鸣人是会等我成长的,因为我们的星座是一样的。

水一阅读书单

《雨季不再来》　　《素年锦时》　　《简·爱》　　《呼啸山庄》

《金锁记》　　《红玫瑰与白玫瑰》　　《倾城之恋》

《山河岁月》　　《今生今世》　　《茶花女》　　《全球通史》

《围城》　　《我们仨》　　《欧洲文明史十五讲》

《梦中的欢快葬礼和十二个异乡故事》　　《蓝狗的眼睛》

《恶时辰》　　《礼拜二午睡时刻》　　《佩德罗·巴拉莫》

《鼠疫》　　《堕落》　　《局外人》　　《陆犯焉识》

《小姨多鹤》　　《沈从文与我》　　《小园即事》

《沈从文的后半生》　　《雨滴在卡夫卡的墓碑上》　　《变形记》

《蓝房子》　　《时间的玫瑰》　　《博尔赫斯对话录》

《沙之书》　　《小径分岔的花园》　　《战争与和平》

《不老泉》　　《广岛之恋》　　《香水》

母女读书心经

阅读是整个教育最重要的基石，阅读习惯的培养，是每个父母人生面临的一个重要功课。教会孩子阅读是爸爸妈妈送给孩子最好的人生礼物。毛姆说过：养成阅读的习惯等于你为自己筑起了一个避难所，几乎可以避生命所有的难。怎样让孩子养成良好的阅读习惯，我们母女的"六有"读书心经分享给大家。

读书有时

  专家认为孩子阅读习惯养成的最佳时间是 3 到 12 岁，因此，要抓住养成阅读习惯的关键时间节点。3 到 6 岁为阅读的启蒙期，在这个时期，我和水一的爸爸常常每天睡前会给她讲故事或者共同读书，一般固定在晚上 8 点到 8 点半，睡前的 30 分钟。小学是阅读习惯养成的黄金期，由于学业压力不重，学校重视阅读，我们采用"家校互动"的阅读模式。中学是阅读的活跃期，孩子到初中基本上就能够自主阅读了。由于学习压力较大，初中、高中的阅读时间相对有限，一般是每周末或寒暑假，每周的读书摘抄时间是水一最快乐放松的时刻。

读书有乐

　　人们常说，兴趣是最好的老师，阅读亦如此。孩子的阅读兴趣的培养，要从娃娃抓起。在家里要给她创造良好的阅读环境和氛围，比如家里要有书房，或至少要有书架，大人要热爱读书。水一3岁的时候最喜欢模仿爸爸在书房里写稿子。爸爸写稿子会喝咖啡。妈妈说只有会读书会写文章的人才有资格喝咖啡，所以她一门心思想快点读书，好有咖啡喝。

　　选一些趣味性很强的童话或故事书，让孩子读着读着就放不下。水一说她自主读完的第一本童话是《绿野仙踪》，接着是《汤姆·索亚历险记》，9岁读完《哈利·波特》系列以后读长篇就不成问题了。经典与兴趣适当搭配，比如经典作品是必读书，把兴趣书当作甜点，让她有一定的自主选择权。在推荐高难度的经典阅读的时候，要善于讲故事。比如《瓦尔登湖》对一个高一的学生来说，可能是比较难读的，水一是星座控，她是天秤座的，我就给她开了一份十二星座最喜欢读的书的书单，当她看到天秤座最喜欢读的书是《瓦尔登湖》时，她一鼓作气用三天时间就把这本书读完了。

读书有舍

我国每年新出版图书 30 万种左右,其中少儿读物约 4 万种,常销的书还有数十万种。在这浩如烟海的童书中,究竟哪些书最适合各年龄段孩子阅读,应该让孩子读哪些书,让很多家长感到很迷惘和困惑,而少儿课外阅读还存在着盲目性、随意性、猎奇性和消遣性的问题。给孩子推荐什么样的书籍,怎样给孩子选择好的书籍,让他们在精神世界里避免"三聚氰胺"之毒,也就成为各位家长要做的"家庭作业"。

曹文轩曾说过,最好的办法是妈妈先读,妈妈推荐的书应该是安全的。世界各国的妈妈们都很重视给孩子推荐第一本好书。犹太妈妈注重阅读信仰,给孩子推荐的第一本书是《圣经》;美国妈妈注重品德培养,给孩子介绍的第一本童书是《戴高帽子的猫》;英国妈妈注重快乐阅读,她们会推荐《彼得潘》;德国妈妈注重阅读习惯,推荐的代表作是《皮卡西随身绘本》;丹麦妈妈推荐的是《安徒生童话》。各国妈妈推荐的第一本书虽然各不相同,但都是真、善、美方面的代表作,对孩子的人生观、价值观的养成都有十分重要的引路作用。水一第一次和妈妈共读的书籍是《三字经》。

我选书坚持三个中心:内容以真善美为中心、形式以绘本为中心、体裁以故事为中心。

坚持三个优先选原则:一是常年经典畅销的优先选。如《格林童话》《安徒生童话》《一千零一夜》等。

二是获得中外国家童书大奖的作品优先选。如"国际安徒生文学奖",美国的"凯迪克大奖""纽伯瑞儿童文学大奖",英国的"格林威大奖",日本的"双年插画奖",以及国内的"宋庆龄儿童文学大奖""全国优秀儿童文学大奖""陈伯吹儿童文学奖""冰心儿童文学家"等等。

三是与名家见面,名家名作优先选。由于职业关系,妈妈的单位经常开展名家讲座签售活动。从 2007 年水一 8 岁开始到 16 岁,我们先后组织过郑渊洁、杨红樱、秦文君、饶雪漫、沈石溪、曹文轩、汤素兰、赵闯、余秋雨、唐浩明、王跃文、钟叔河、李冬君、张维为、肖裕声、李辉、杨雨等几十位名家的读者交流签售会,这些作家的代表作妈妈都适时给水一推荐阅读。

荐书有方

《水一阅读书单》，是水一从 1 岁到 16 岁的阅读档案。父母职业的特性对水一来说，可谓近水楼台先得"书"。她常常幽默地说："我们一家人都与书有关，爸爸是出书的，妈妈是卖书的，我是读书的。"推荐什么样的书给水一，也成了作为父母的我们的第一功课。

从水一的读书历程可以清晰地看出，她读书受到三类人的影响：父母、老师、同学。

爸爸的推荐：传统文化给她注入中华文脉之气

在给水一推荐书的问题上，我和孩子爸爸进行了一些分工与合作。爸爸学的是新闻专业，前 20 年在报社当记者，后来改行做出版工作，喜欢文学、法律和历史，在家里基本充当专家的角色。在水一眼里，爸爸是百科全书，是活字典，好老师。古典诗词、侦探类小说、历史传记、科普工具等各方面书籍的推荐都是爸爸负责。

爸爸常常骄傲地说："凡有井水处，皆有岳麓书。我们岳麓书社是一家全国著名的古籍出版社，致力于中国传统文化的传播，特别在古典名著的普及推广上做出过重要贡献。比如我们出版的传统蒙学丛书、古典名著普及文库，在读者中影响都很大，四大古典名著销量在全国第一，你小时候读的《三字经》《千字文》《千家诗》，初中时读的《红楼梦》《三国演义》《水浒传》《西游记》，以及高中时读的《史记》《道德经》《古文观止》等都是我们社里出的经典畅销版本。"

爸爸又说："我们社里还有两位出版大家，一位是主编'走向世界丛书'的钟叔河先生，另一位是编辑《曾国藩全集》和写作《曾国藩》的唐浩明先生。'走向世界丛书'我建议你上大学的时候看，但《曾国藩》是你的必读书。"爸爸为了激起水一的兴趣还这样引诱她："看了《曾国藩》这部书，若你写读后感，可以叫唐浩明爷爷给你提修改意见，还可以邀请你采访唐浩明爷爷，且把这个作为你暑假社会实践活动的内容，水一你看怎么样？"

水一是2013年暑假读《曾国藩》的，但是她没有写读后感，她的观点是：曾国藩每次打败仗就想自杀，还有他杀人如麻的残忍性格，她很不认同。

妈妈的推荐：童书打下精神底子 名家激发阅读兴趣

儿童文学家梅子涵说："都只是要孩子有阅读。有好阅读。像那好饿的毛毛虫，每天吃着鲜艳吃着营养，蝴蝶飞起来了。"好的童书，犹如孩子精神成长的乳汁，是用来打精神底子的。

水一两岁时，我给她推荐的是《卖火柴的小女孩》绘本；3岁时给她选《木偶奇遇记》；4岁时第一次和她共同吟诵《三字经》。我给她推荐的第一本科幻读物是《海底两万里》。

在推荐湖南本土著名儿童文学作家汤素兰时，妈妈这样说："湖南少年儿童出版社出版的《笨狼的故事》是长沙小朋友最喜欢读的童话。小朋友都亲切地称汤素兰阿姨为'笨狼妈妈'。水一，你想认识她吗？明天妈妈带你去听她的讲座。"然后妈妈娓娓道来："汤素兰是我们长沙宁乡人,湖南师范大学文学院教授。她写了几十部童话,获得过许多儿童文学大奖,像'全国优秀儿童文学奖'呀,'陈伯吹儿童文学奖'呀,'冰心儿童文学奖'呀……这样的介绍对水一来说实在诱惑太大了。"

第二天听完"笨狼妈妈"的讲座,她立马就捧读汤素兰的作品,然后就变成了她的粉丝,她因此和汤素兰阿姨结缘。记得初三毕业时,他们班出版了一本作文集,她诚挚地邀请汤素兰阿姨给他们的作文集写了一篇《成长的见证》的序,在作文集里水一这样问汤素兰阿姨:"我欺骗过别人,临阵脱逃过,干过坏事,这些算不算成长?"汤素兰阿姨用水一作文里的话给予了很好的回答:"这些当然叫成长,正如水一同学说的,时间弄破的疤痕叫成长。"从8岁到16岁,水一跟着妈妈参加各种名家讲座活动,他们的作品涉及童话、科普、历史、经济、文学、军事、诗歌等各个领域,所以水一阅读也很广泛,只要是优秀的作品,不管什么门类,她拿到手上往往读着读着就读完了。

老师的推荐:必读经典书目构筑知识框架

水一小学四年级时,妈妈和她共读的《夏洛的网》和《窗边的小豆豆》,都是长沙市育英小学布置的亲子阅读作业。初中的时候,学校推荐《朝花夕拾》《骆驼祥子》等。高中推荐《谈美书简》《欧·亨利短篇小说集》《围城》等,高中的历史老师给她推荐过北京大学出版社的《全球通史》《中国历史十五讲》《欧洲历史十五讲》等。

这些书籍既是经典有营养的书,又是教学上有要求的书籍。每当她给妈妈带回学校开的书单时,妈妈总是毫不犹豫地给她买下。为了带领她读好这一类的书籍，我们还常常分享一些好笑的读书故事。

记得有一次推荐歌德的《少年维特之烦恼》，妈妈给她讲了这个故事：蒋勋上中学的时候喜欢看似懂非懂的书，常常把歌德的《少年维特之烦恼》拿在手上，很久都以为是"少年维持之烦恼"，觉得有书就可以教人"维持烦恼"，真是太棒了。"哈哈哈！"水一大笑不止，接着深有感触地说："我小时候看书也发生过这样的情况，看到菜谱方面的书籍，有个'若干'字样时，总以为'若干'是一种和葡萄干一样可以吃的东西。有一次，在你们新华书店看到《西点军校的经典法则》，总是疑惑，西点军校是不是专门给军人做西点的炊事班培训学校？直到有一天你买了一本《西点军校的22条军规》，我带着好奇看完后，才恍然大悟。"

同学的推荐：从春风十里乱读书到读出自己

读书的过程就像在陌生的国度里旅行，每走一步都可以发现新的远景和新的道路。除了爸爸妈妈和老师的推荐外，水一读什么书还容易受到同学的影响。水一说初中同学和高中同学推荐的书籍就截然不同。初中的时候班上基本上是两极分化。班上有一个学霸是张爱玲的超级粉丝，模仿张爱玲写作已经到了以假乱真的地步，同学们纷纷效仿。另外就是喜欢读校园小说和玄幻小说的同学很多。初一下学期到初三上学期，水一一不小心就陷入了"春风十里乱读书"的怪圈，以读郭敬明系列书蔓延开来，快速读了数十本校园青春爱情小说，几十本玄幻武打小说。当然郭敬明是另当别论的，因为水一认为她是和郭敬明有同类结构的人，在他的小说里总能读到自己的心情和青春的忧伤。其他的书用水一现在的话来说就是坏了口味,一度让她读不进经典。

　　高中阶段,她遇到了超级读书狂人,她的读书量极大,而且只读经典。水一曾举例说,她的一位姓文的同学在课堂上偷看《百年孤独》,被老师逮个正着,老师一看书名,先愣了一下,然后把缴获的《百年孤独》高高举起,大声对同学们说:"你看你们上课看的是什么书,你们看文同学看的是什么书?"从此,文同学成了同学们眼中的读书榜样。因为结识了这位读书达人,水一深受她的影响,狂热地喜欢上了马尔克斯并将他的作品一网打尽。

　　水一15岁生日时收到一份特殊的生日礼物,一位同学给她送了一本《没有色彩的多崎作和他的巡礼之年》,并且附带要水一写一篇读后感作为答谢。水一读后深受感动,马上写了一封很长的信回复给送礼物之人。读着水一的书评,送书的同学大受感动,两颗心因为一本书贴得更紧了。

　　书本既是写作者心灵世界的物化,也是阅读者观照自我的镜子。水一的阅读趣味从郭敬明式的明丽浮华,到简·奥斯汀式的轻松诙谐,到杨绛式的风轻云淡,再到马尔克斯式的魔幻怪诞,水一逐步形成了自己的阅读品味和风格。从读同一个作家的所有作品的纵向读,到读同类作家作品的横向读,她读出了自己的观点和思想。

　　她说:"在读一本书之前,我从来不喜欢看书评。""为什么?"妈妈问。"因为看了书评就会被书评的观点牵着鼻子走,没有探索未知的趣味。""那你为什么读完每本书后还要写读后感或书评?"妈妈问。"因为读了后有写作和表达的欲望。"她微笑着说。

　　伊塔洛·卡尔维诺曾说:"世界是一本书,永恒的智慧在书中写下自己的想法。"

人与书相遇，蔚然成景。在对的时间遇上对的书，缘分天成。让我们低头寻觅，用心阅读那些属于自己生命中的书，让书中的智慧照亮我们的人生，陪伴我们度过美好的岁月。

读书有法：女儿独创读书八法

摇头晃脑苦诵法。在中国，读书总是被看成是要头悬梁锥刺股的苦差事。为打下传统国学的底子，在水一小时候，爸爸常常和她一起背古诗。她或站在客厅，或坐在书桌前，摇头晃脑背得不亦乐乎。她常常很羡慕爸爸，怎么每首诗都背得那么快，而自己总是吞吞吐吐，磨磨蹭蹭搞半天还背不得。对水一来说，读书是件快乐的事，而这种摇头晃脑背诵式的记忆法让她觉得痛苦，但我们总是坚持"为难"她。有一次妈妈看到杨绛写的"艺术就是对困难的克服"，很受启发，如果水一对艰难的事情都能够一直坚持做下去，那么她从苦读中一定能读出大乐子来。

一目十行破案法。水一读书的速度很快，这种功夫是小时候看《福尔摩斯探案集》锻炼出来的。在看侦探书时，她时而略读，时而细读，"左冲右突"，一本书就被她读透了。《冒险小虎队》、日本的江户川乱步的作品……她在小学时就都读完了，就连《红楼梦》《百年孤独》这样很多线索和人物很复杂的书，她在初中和高一的时候也读得很轻松，她觉得读这两本书有点破案的感觉。

厚书读薄的抒写法。水一读书，很喜欢写读书笔记。她不喜欢读书评，怕看书的时候，被别人的思想牵着鼻子走，失去自由探索的读书乐趣。而她自己每读完一本书，总喜欢摘抄句子，写一两句随性的评语或者即兴写一篇读后感，她说这是因为读完后有抒写的欲望。这个习惯她从小学坚持到了现在，这样就有了这本书。

从找共鸣到读出自己法。水一读书很爱哭，有时情动于书中久久不能释怀。水一看书也很爱笑，妈妈在厨房做菜的时候，常常听到她银铃般的笑声穿过客厅飞到锅子里，仿佛菜肴都沾着欢乐的气氛。她在书里读出了情感、读出了思辨、遇见了自己。她常常说她和郭敬明有同类结构，她喜欢他的文笔，喜欢他小说里刻画的人物。她模仿他的文笔写小说，看他的电影写影评，读他的所有小说，还写下赏析文章。青春小说、玄幻小说、武侠小说、爱情小说……她通通都读，而且一发不可收拾。水一很喜欢张爱玲的文字，她在读张爱玲的书籍时喜欢上了胡兰成的文字。后来遇见了马尔克斯，又疯狂爱恋上马尔克斯，还偷偷取了一个"马尔克斯老婆大人"的网名。从青春言情到爱情到魔幻怪诞，她阅读的口味变来变去，一度有些彷徨，好像读不进经典，但自从遇见马尔克斯后，她又重回经典的正道。水一说，在阅读的丛林中，我们会遇见自己，也会迷失自己走上岔路，但在小径分岔的路口上，我们又会凭着童年阅读的底子遇见未来的自己。她把《百年孤独》叫作她的生命之书。

读书百遍重读法。小时候水一很喜欢让爸爸妈妈讲故事，有的故事讲一百遍她都不嫌重复，每次听都会咯咯大笑，仿佛第一次听到一样。《哈利·波特》系列是伴随她长大的书，这套书她读了五六遍，系列电影她也看了七八遍。她写道："9岁的时候读这本书，关注的侧重点是魔法世界的各种神奇之处，再长大一点，就是哈利临危不乱的勇气，最近读的时候，我又知道一个不谦虚的人会成为伏地魔，掉进狂妄的深渊。在每个不同的时节，我都有对这本书的记忆，遇到各式各样的困难时，我都能在哈利的勇气中前行。"她把《哈利·波特》叫作魔法之书，她的勇气之书。

纵横拓展读书法。水一喜欢用比较阅读法读书。她9岁的时候喜欢侦探故事，妈妈就买回来《冒险小虎队》《名侦探柯南》《福尔摩斯探案集》等，都被她"一扫而光"。有段时间学校要求阅读科普名著《森林报》，妈妈又给她推荐阅读《昆虫记》《胡萝卜须》《林中水滴》《乔治开启宇宙的秘密》等。初中的时候，她基本上开始了自主阅读，如果她一段时间看一个作家的书籍，她会看完这个作家所有的经典之作，甚至还会找来这个作家的八卦或者逸闻趣事来读。比如有段时间她迷恋张爱玲，就把魏小河开具的张爱玲八卦书单买来读，由此又意外邂逅了胡兰成，妈妈随即给她推荐了《山河岁月》《今生今世》。读完加缪的《鼠疫》，一定还要读他的《局外人》《堕落》。读冰心的《繁星春水》时，妈妈推荐了泰戈尔的《飞鸟集》《新月集》《园丁集》让她比较着读。同类主题的书横向读，同一个作家的作品纵向品，在对比中读出惊喜，读出思辨，读出自己的观点。

情景魔幻读书法。水一喜欢读侦探书、魔法书，还有科幻小说和武侠小说，常常把自己想象成二次元世界里的人物，在她的阅读世界和想象世界里获得快乐和慰藉。她看《射雕英雄传》时，十分喜欢黄蓉这个角色，尤其向往拥有一根打狗棒。2010年8月，妈妈到崀山旅游回来，给她从山上带回来一节竹棍，她把这节竹棍幻想成她心目中的打狗棒，如获至宝。

2011年的一天，妈妈带她到省展览馆去看动漫展，她看到动漫展中的cosplay（角色扮演）时，兴奋得尖叫。当看到《名侦探柯南》的手表、哈利·波特的魔杖时，她的脚就再也挪不动了，尤其看到《死神》里的斩魄刀千本樱，长1.5米，她软磨硬泡坚持要把那把刀买回去。12岁的小女孩，肩扛着一把千本樱，走在回家的路上，那架势简直就是："谁敢横刀立马，唯我彭大将军！"这还不够，据水一后来回忆，那段时间，她每天把自己关在书房里，从床底拿出她心爱的大刀，来回舞动，降妖除魔一番，好不快活。

  交互启发式读书法。我们母女常常同读一本书，从各自的角度谈论书中的角色和对自己的启发，讨论关于友谊、爱、死亡、青春的话题。我们也在 QQ 空间里写下读后感或点评文章，为对方的读书笔记叫好加油。女儿也是我写作的源泉，她的童言常常为我的创作提供丰厚的素材和灵感。水一 10 岁时读了《夏洛的网》写了一篇《爱的网在温暖的风里》的读后感。10 岁的孩子写出这样的好标题，妈妈顺势用这个标题写了一篇散文，发表在报刊上。她读《窗边的小豆豆》发出感慨："找一本与你发生过故事的书来看吧。"妈妈读后马上写了一篇《山的味道海的味道》的散文。当妈妈的文章在报刊上发表时，水一总是第一时间发表点评。在生活中我们是聊友，在 QQ 空间里我们是笔友，读书让我们心连心，骨肉连着筋。

买书有招：教你买书"三鲜招"

有人说，上网购书的人像购物，知道自己要什么，把书名一输入一点击，就搞定了。而逛实体书店，尤其是到十多万个品种的大型新华书店去选书，置身书海，就如女人逛超市，是眼力、脚力、判断力的一种较量。

一位读者说，走进超级书店里，就像一个家庭主妇到了超市买菜，刚开始想买猪肉，继续逛又想买牛肉，恰巧羊肉搞特卖，左挑右拣结果买回了羊肉，还没到家时突然想起家里人是不怎么喜欢吃羊肉的。面对众多不知道怎么选择品种的读者，日本有个森岗书店，干脆让大家做出了要么买，要么不买的选择。它这个店叫一室一册书店，店里只有几个平方米，只卖一本书，一周换一册陈列。结果很多来书店的人真的有意无意都把陈列的这本书买走了。亲爱的读者，如果你到书店来淘书，书就好像会跳出来，对你说：看我，再看我，还看我……你就——把我买掉！

看我——看我的颜值高不高？

人说书中自有颜如玉，书确实也是有颜值的哟！

一本书它有体态，笔墨是它的风骨，纸张是它的血肉。摸一摸封面感觉是滑的、凹凸的；闻一闻书页，散发着纸香还是油黑香；再瞧瞧书是出自名家名社的经典之作还是文坛黑马新秀。人生若此如初见,只要初见是一种美好,十有八九,这本书就要被你收入囊中了。

著名诗人散文家余光中有"玩书"的嗜好,所谓玩,就是玩书的外表装帧,书名题字、插图、质感之类,一般人买书,多视内容来取舍,而他看到精致美丽、装帧考究的书便一见倾心……看看,摸摸,嗅嗅,翻翻。目光相遇的一刹那,就完成了人与书的一次邂逅。

在出版界更流行着"好书名成就一本图书""书名八成定生死""书名也是生产力"等说法。这更助长了读者淘书以貌取书的倾向。有一种美好的爱情,就是念你的名字。《平如美棠》被评为2013年度最美的书,这个书名就是故事主人公"我们俩"的名字。《好妈妈胜过好老师》书名有强烈的指导实用性,《互联网思维》《大数据》《3D打印》彰显时代性,《谢谢你离开我》具有心理疗伤的感染力。书名犹如一个人的眼睛,是展示作者灵魂的一扇窗。

再看我——看我是不是三个榜单上的常居客?

畅销书榜有浓郁的时代气息,聚焦当下,摄人眼球,能产生强烈共鸣,最能引起读者的关注。比如"治愈系暖男"张嘉佳,曾在微博上写下33个睡前小故事在网络爆红,创下超4亿次点击阅读记录,结集出版《全世界从你身边路过》,夺得2014年图书销售桂冠,创下了单本小说销售400万册的记录。不过也有人不看畅销书,认为有炒作之嫌如过眼烟云。著名的读书达人新东方王强说,畅销书坚决不读,不是我看不起畅销书,而是我知道生命有限,只能读人类历史上大浪淘沙后的作品。

常销书榜单在某种程度上是人类文化精华的汇集,传之久远,常年畅销。比如既畅销又常销的中国四大古典名著。但即便是经典之作也有版本的特色和优劣之分。比如外国名著的译本，要看译者。台湾著名散文家王鼎钧先生就推荐这些人的译本：杨绛翻译的《堂吉诃德》，草婴翻译的《战争与和平》，金人翻译的《静静的顿河》，傅雷翻译的《约翰·克利斯朵夫》，汝龙翻译的《契诃夫的小说》，穆旦翻译的《雪莱的诗歌》。再比如《泰戈尔诗集》选郑振铎或冰心译本，买《莎士比亚全集》当然选朱生豪译的，有人曾感叹朱生豪短暂的一生就是为译此书而生。当然除了译者之外还要选出版社，比如《百年孤独》最畅销的版本是南海出版社。

名家名作，看作者，看翻译者，看注释者，看责任编辑，看出版社等。如果你买国学经典类图书，你就选中华书局、岳麓书社、上海古籍出版社等出版的书；如果你买文学经典就选人民文学出版社、作家出版社、新星出版社、湖南文艺出版社、长江文艺出版社等出版的书；人文社科类比较厉害的出版社有商务印书馆、三联书店、中信出版社、北京大学出版社，后起之秀当属广西师大出版社等等。

占据常销书榜单的书籍还有工具类和考试类必备书，工具书类必备书比如《新华字典》《牛津双解英汉词典》《现代汉语词典》等是常销品种。中小学生新教学大纲颁布之后，教育部发布了人教版小学到高中70本必读书目，要求从小学到高中每个学生阅读总量要达到400万字，并纳入中考、高考的考题中。这些经典名著因纳入了教学要求，市场需求巨大，衍生为教辅类书。

从编撰特点内容上看，应试类学生喜欢买名著导读版。人民文学出版社、吉林大学出版社、湖南教育出版社导读版受欢迎。喜欢文学的学生则侧重买原文足本，如博集天卷版的名著系列。家长给孩子买，喜欢买权威名人推荐的，如印有曹文轩、窦桂梅等作家推荐字样的名著。爷爷奶奶给孙子买，喜欢买一个系列，每本都是一个价格的，所以北京出版集团的小学生版的名著拼音系列，10元一本就特别受爷爷奶奶们的欢迎。

个性化阅读推荐榜单是名家名人名机构针对不同人群的专业推荐。比如胡适给大学生开的推荐书目，钱穆开的中国人必读的9本书，百道网推出的专家、学者、出版社社长、书店店长推出的书单，全国各大独立书店推荐的好书，等等。也有由新阅读研究所推荐的，如由国家图书馆推出的《中国人阅读书目》系列，包括《中国幼儿基础阅读书目》《中国小学生基础阅读书目》《中国父母基础阅读书目》《中国中小学教师基础阅读书目》《中国企业家必读书目》等，这套书目，因专家团队权威，选书标准严格，选书结构搭配优良，是目前开给国民的一份最权威和系统的书单。

还看我——看，媒体和书评人怎么评价我？

有人曾调侃说没有荐书理由的推荐都是耍流氓。有谨慎的读者喜欢按书评买书。看各大传统媒体、门户网站的书评，如，纸媒有《新京报》《南方周末》《中华读书报》，网络有豆瓣读书、新浪网读书频道、人民网文化频道、搜狐网读书频道等，以及当当网、京东网、亚马逊网、博库网等网上书店。

还有痴书一类的藏书人，他们更喜欢购买被称为"书的书"的书籍。书人、书事、书情、书评之书就像酿酒的酵母，具有催化功能，往往读一本这类的书会买回一大串相关的书。如中华书局的《书人书事》系列丛书，广西师大的《书系列》丛书，木心的《文学回忆录》，大象出版社《印象阅读》丛书，岳麓书社的《夜书房》《书房一角》丛书，湖南文艺社的《我读》系列丛书，《凤凰读书文丛阅读札记》，江西高校出版社安武林的《爱读书》和孙卫卫的《喜欢书》，海豚出版社的《董桥》系列，《海豚书馆》系列，《海豚文存》系列，《黄裳书话》，徐鲁的《24堂经典阅读课》，肖复兴的《我的读书笔记》，黎戈的《各自爱》，魏小河的《独立日》以及国外著名畅销书《朗读手册》《生命最后的读书会》等等。阅读这些书中之书，会让你真正地领会到"买书如山倒，读书如抽丝"的境界。

爸爸后记

家有颜如玉

彭楚兵

"我这篇小小的稿件,投入你大编辑的怀抱,希望得到你的指导和采用。"1992年春节前,春写了一篇新闻稿《新田农民时兴送年画为礼》寄给我,并附上这么一封让人脸红心跳、想入非非的投稿信。

这封信是我们之间第一次有文字记录的交往,如今过了24年,我仍一字不落地记得。

那时她在地区新华书店做业务员,爱读点书,喜欢写点东西,是典型的文青,我在报社当编辑,我们还是普通朋友的关系。

我依稀记得,那封投稿信我是看了又看。那篇稿件我倒没有细看,感觉新闻点是不错的,可写得像散文,新闻的五要素也不全,不符合消息的要求,我没有采用,但也没有把它扔进废纸篓,而是夹进了我的笔记本里。

没有想到的是,这篇新闻稿被《湖南日报》采用了。后来我们见面,她拿此事打趣我,说我这名牌大学新闻系的高材生,怎么没有眼光啊。再后来,我们有了神奇的发展,她真的投入到我的怀抱,成为了我的爱妻。她经常"恨恨"地对我说:"哼!我写的稿件,《湖南日报》都发了,你竟然不采用,打死你。"每次我都羞愧得无地自容。

我一向是很信缘分的,我与春之间确实充满了缘分:相识的缘分、读书的缘分、文字的缘分，有缘还有分。

我们第一次相见，是1989年那个躁动的夏天。我们大学提前放暑假，我回到了老家永州，闲得无聊，便去当地最高学府见高中时最好的同学高君。

巧得很，这位高同学和春正是同桌。我第一眼看到的春，有着一双褐色的深邃大眼睛，青春洋溢的脸上点缀着几颗美丽痘，浑身圆润饱满，剪着短发，穿短裙短衫，活泼而热情，与我的偶像奥黛丽·赫本有几分神似。我突然间有种强烈的第六感：这个女人是我老婆。我为有这样的想法而吃惊。这个第六感绝不是我事后杜撰的，我以我的生命起誓：它确确实实存在。

我主动请高同学介绍我们认识。她瞟了我一眼，说了一声："哦，你好！"可能是感受到我火辣的目光，她顷刻竟羞红了脸。事后，我向高同学打听到，春是系里的文娱部长，在学校属风云人物。

因为还想再见到她，更幻想能与她有所交谈，我在高同学的宿舍里住了一夜。第二天清晨，我随高同学去教室，在教室后面的一片树林里，我又看见了春。在晨曦中，她倚靠着一棵树，低着头，手捧一本书，正沉浸在她的世界里。这个晨读的画面从那时起就深深地印在了我的脑海里。

1991年夏天，我大学毕业，分配回家乡的报社，没想到在宣传系统新进国家干部培训班上，我再次见到了春。我惊喜地和她打招呼，她却一脸茫然。我只好做了自我介绍，又提起了她的同桌高君，她只有模糊的印象，我好不失落。

她已没有了原来的圆润，戴着一副大大的耳环，穿一件宽大的蝙蝠衫，蹬一双很高的高跟鞋，那双深邃大眼睛上涂抹着蓝色的眼影，眼神迷离恍惚，好似藏着无尽的忧伤。我了解到她在1990年分配到新华书店工作。事后我打探出她的私密：原来她大学毕业后就找了男朋友，但情感出现了问题，她那时正在爱情的漩涡中挣扎。我好不心疼，但她是有男朋友的，我不是那种"趁火打劫"的人。

我们两个的单位离得近，不到一里路。我喜欢逛书店，经常在单位吃过中饭就去新华书店看看，有时碰到她，我们笑一下，算打过招呼。

有时，我在大街上走着，远远地见到一部人力车迎面而来，竟是她坐在车里。她戴副墨镜，一袭白色长裙，迎风飘扬。她见是我，会冲我大喊："彭楚兵！彭楚兵！"我来不及回应，车已远去，刮起一路香风，充溢着我的鼻腔。

有时，书店来了好的新书，她会打电话告诉我。每次新华书店处理旧书，她会第一时间通知我。小城市的新华书店处理的旧书中，有很多好书，且价格很低。我从旧书中，觅得了不少我喜欢的书，像沈德潜的《古诗源》《唐诗别裁》《明诗别裁》《清诗别裁》，"文革"时期出版的"毛选"，外国名著《百年孤独》《狄金森诗集》《草叶集》等等，为我省了好大一笔买书钱，我好感激她的。

有一次，她竟然事先没有跟我联系，把书亲自送到了我的办公室。她穿一身新潮服饰，化的妆比以往淡了一些，香气依然浓郁，脚蹬一双尖尖的高跟鞋，向我办公室走来。高跟鞋敲击出"咚咚咚"的响声，打破了办公室的宁静，引得单位的同事起身围观。当她落落大方地站在我面前时,我是满脸通红,手足无措,同事们也大跌眼镜,估计都暗自在想:彭楚兵土里土气的,竟有一个这等时髦的女郎拜访,艳福不浅啊!

为免得这样尴尬的事情再发生,我告诉她,以后来了新书,我去她那里取。我一般是下班时间去的,在食堂吃了晚饭,散步过去。常常是,她把书拿给我后,不是说"对不起,我去跳舞了",就是说"对不起,我唱歌去了",留下我一个人在原地发呆。

她那时已从情感的泥淖里挣脱出来,虽然她身边的追求者依然不少,但我们的交往增多起来。读书是我们共同的话题,我知道她喜欢的作家有张爱玲、泰戈尔、冰心、丁玲、三毛、席慕蓉等,最喜欢的书是《红楼梦》《飘》《简·爱》。

她跟我说了那段感情经历,告诉我,她之所以能从一段痛苦的感情中走出来,有两个原因,一个是她妈妈意外车祸去世,让她觉得失去最亲的人的痛苦远远超过爱情的煎熬;另一个是在痛苦的时候,抄写张爱玲的作品,她把张爱玲的散文全部抄完了,张爱玲的文字让她的心安静。

我们关系发生变化的转折点在1994年的春天。一次,我们共同的朋友、在电视台工作的郭女士郑重其事地对我说:"你觉得春这人怎么样?"我说:"很好,人长得漂亮,尤其是心很善良,看书经常是情不自禁地流泪。"她又问我:"你怎么不去追?"我实话实说:"我不敢啊!"她笑着说:"春对你的印象很好,她亲口对我说,只要你追,她一定会答应。"我有点狐疑:"真的吗?"她认真地点了点头:"真的,她亲口说的,我骗你干吗。"

其实,我一直在默默地关注春。她从那段情感走出来之后,我就想主动追求她。我也向我最贴心的哥们透露过这个心迹,他劝我:

"你跟她不是一路人,她漂亮、时髦,追求的是风花雪月,你老实、老土,连唱歌跳舞都不会。她是不会看上你的;即使她同意了,你能不能驾驭得了?"

感谢郭女士,感谢上帝。就是她的话,坚定了我的信心。5年前的第六感,召唤我发起追求。信心真的比黄金可贵。当我勇敢地向她表白之后,我们的爱情之路如一马平川。

我们确定关系后,我曾向春求证郭女士那番话的真伪,春指天发誓:她根本没有跟郭女士说过这种话。但她承认,是我说的一句话和两个成语打动了她。

噢,那句话是我们在聊起爱情和生活时说的。我说:"我理想中最美好的爱情和生活,就是跟自己的爱人一起读书;最美的风景,就是你在床的这头看书,我在床的那头看书,岁月静好,两不相扰。"丘比特一箭穿心,我是一句话击中"春心"。

一次,我跟她说起在四川读书的大学生活,讲到"蜀犬吠日"的成语。她听着,眼睛发亮,嘴角泛笑,一副很有兴趣的样子。我又讲了类似的"吴牛喘月"的故事……

春后来在《我们仨的成语故事》中这样揭秘:"自以为很有学问的她居然第一次听到这两个成语。从那以后,妈妈开始对老爸有了好感……"

1995年夏天,我们牵手走进婚姻殿堂。20多年过去了,白云苍狗,沧海桑田,"你在床的这头看书,我在床的那头看书",是我们婚后生活不变的风景。不管工作是怎么超负荷,买书看书都一直是她生活的重要部分。

她对我说:"一般的女人要吃零食,我不吃零食,我好养,我就吃书。"除了在自己的书店里买书,她每次到外地出差,逛书店都是她的必修课,而且总要带回几本书。这几年她迷上了网上购书,碰上网店图书促销活动,她要买一大堆。她每年买书花的钱比买衣服的多,由于职业关系,每年看的书不下 100 本,真正变成了"读书狂人"。

书看多了,积累多了,生活的点滴触发了创作灵感,文章就信手拈来。我是她的文章的第一个读者和第一个编辑。她写文章,追求的是感情细腻,文字唯美,颇有小资情调。

春是一个粗枝大叶的人,写错别字是家常便饭,她又是英语专业出身的,很多标点不会用,乱打标点是普遍现象,常常是一"逗"到底或者是一"句"到底,我都一一做了修正。有时,她觉得我改得好;有时,她问我:"你在哪里做了修改,我怎么一点也看不出来啊。"

最近几年,她见诸报刊的作品有几十篇,每次她都会把发表的文章收藏起来。

春是拿年薪一族,而每次来了稿酬,她却异常兴奋。她有句"谬论":工资和年薪不是财富,稿费才是财富。她最喜欢走过单位传达室时老鄢的喊话:"易总,您又来稿费了。"几十元的稿酬,她也很珍视,如果是上百元的稿酬,她会觉得是一笔巨款。她曾认真地对我说:"以后退下来了,没有了年薪,我就靠写稿子来保证生活质量不下降。"

她把阅读视为维系母女情感的精神脐带。她从胎教开始给女儿念书,到带着女儿一起读书,做亲子阅读的陪伴者、观察者、记录者、引领者。她珍藏了女儿的第一篇作文、女儿的考场作文、女儿的读书笔记、女儿的摘抄本、女儿口袋里的小字条等等。但凡她读到女儿充满灵性的文字,闪光的话语,都会像发现新大陆似的,有时会高声念给我听，有时又悄悄地一字一字地把它们输入电脑，美其名曰"水一阅读成长档案"。

今年，她和女儿共同完成了一部18万字的书稿——《共读，我们的亲子时光》，很多素材都来自她日常记录的"水一阅读成长档案"。女儿水一望着写完的厚厚书稿，都有些不相信这是真的。

梁思成曾这样评价林徽因："老婆是自己的好，文章是老婆的好。"于我亦然。

梁思成的心里住着林徽因，钱锺书的心里住着杨绛，巴金的心里住着萧珊。我虽然是一个凡夫俗子，但老天眷顾我，有这样一个"颜如玉"跟我有缘，和我成家立业，日夜相随，这是我一生最大的收获。

妈妈后记

书香女人四月天

易春花

好鸟枝头亦朋友,落花水面皆文章。春天是四季里最美的阅读时光:端坐在韶光里,指尖如春风般轻抚书页,目光如蝴蝶落在花瓣。远处小鸟在婉转歌唱,她拈页展颜,思绪像一个凌波微步落在水面上,一篇好文章就自然成了。

在每一位男子心目中,可曾住着这样的书香女人?读书成了她生活的一部分,生命的一种元素。她温婉而有力量,智慧而不张扬,高贵而脱俗。天若有洞,她就是女娲;家若有难,她就是顶梁柱。

钱锺书心里就住着这样的书香女人。杨绛是在开明家庭中长大的"新女性"。抗战时期在上海,生活艰难,她从杨家大小姐变为钱家"不花钱的老妈子"。在别人看来,确实委屈,但杨绛却觉得只是角色变化而已,为什么,因为爱,她爱她的丈夫,她愿为他做一个撑起家里生活的半边天。诗人辛迪说钱锺书有"誉妻癖"。果不其然,他这样赞美杨绛:"她是最贤的妻,最才的女。"

著名的建筑学家和教育家梁思成曾诙谐地对朋友说:"中国有句俗话说'文章是自己的好,老婆是人家的好',可是对我来说,老婆是自己的好,文章是老婆的好。"

书香女人气自华,最是迷人女人香。女人智慧的大脑是骨子里的性感,女人身体里的书香是灵魂的舞蹈。三更有梦书当枕,红袖添香佳话传。先生伏案工作到深夜,来一个红袖添香的小动作,便有了知性女性妩媚的风情。刀光剑影的职场,心有灵犀一点通,便有了坐看云起时的从容和淡定。

最美的红颜是书香熏陶出来的。天上掉下来的林妹妹,自幼饱读诗书,一肚子墨水和满腔泪水,让她成为无数男人心目中的梦中情人。"纤笔一枝谁与似?三千毛瑟精兵。阵图开向陇山东。昨日文小姐,今日武将军。"毛泽东把最美的赞美给了会写文章的丁玲。"于千万人之中遇见你所要遇见的人,于千万年之中,时间的无涯的荒野里,没有早一步,也没有晚一步,没有别的话可说,唯有轻轻地问一声:'噢,你也在这里?'"这张爱玲式的语句,从一个女生口里一出来,就变得小资起来。撒哈拉沙漠里有三毛浪漫凄美的爱情,碧云天黄叶地的瑶池边是琼瑶荡气回肠的爱情篇章。

翩若惊鸿,婉若游龙。书香女人,你是洛神,情意似水,住在水边。南国多佳人,美者颜如玉。书香女人,你是文艺女神,住在书里。书香女人,你是坠入人间的精灵,是爱,是光,是希望,你是人间的四月天。

书卷岁月两相亲

1岁,我们在世界读书日合影　2000年4月23日

4岁,水一"泡"书店　2003年

7岁,水一看书　2006年

9岁,我们在湖南省森林植物园　2008年

10岁，我们在湘江渡桥上　2009年春节

11岁，我们在长沙橘子洲　2010年

12岁，我们在爸爸的母校四川大学　2011年

13岁，我们在长沙名都花园小区
2012年

妈妈在三湘读书月活动现场　　2013年

我们在贵州参加第24届全国书博会　　2014年

妈妈和《哈利·波特》中文译者以及责任编辑合影　　2015年

16岁，水一在第26届全国书博会（包头）上看书　　2016年

水一的书

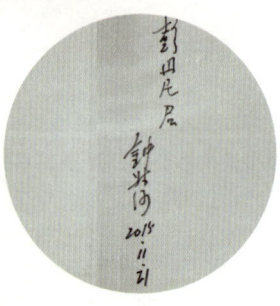
著名出版家钟叔河先生给水一的签名

著名儿童文学作家曹文轩给水一的签名

著名儿童文学作家秦文君送给水一的六一儿童节礼物

著名动物小说家沈石溪的签名

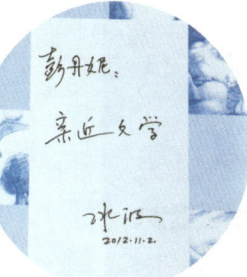
著名儿童文学作家冰波的签名

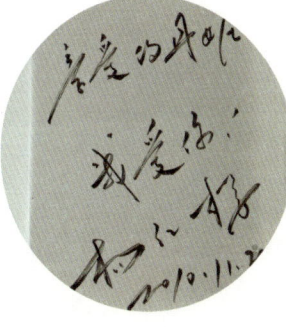
著名儿童文学作家杨红樱的签名

著名儿童文学作家郑渊洁的签名

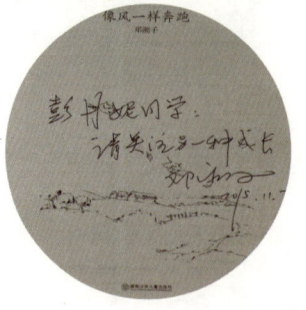

著名儿童文学作家邓湘子给水一的签名

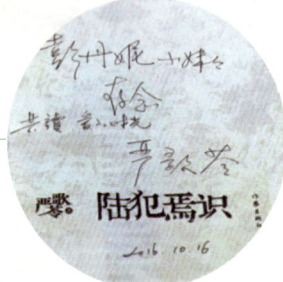

著名作家严歌苓在长沙给水一的签名

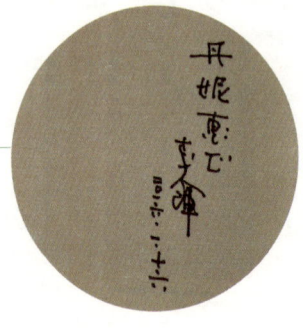

著名传记文学家李辉的签名

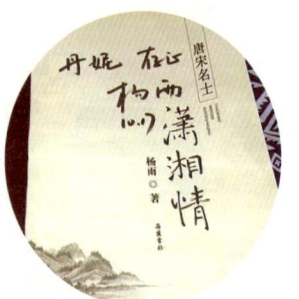

著名学者杨雨给水一的签名

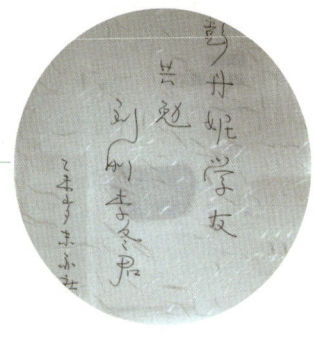

书香人家刘刚和李冬君老师给水一的亲笔签名

著名书法家李再湘为本书题写的《春江花月夜》书法作品

我俩情如书友

我们仨